普通の会社員…始められる！

はっしゃん式

成長株集中投資で3億円

投資家Vtuber
はっしゃん

SOGO HOREI PUBLISHING CO., LTD

はじめに

証券口座ほったらかしで資産3億円を達成できた理由

サラリーマンの皆さん。

「**3億増やした投資法**」と聞いて、どんなイメージを持ちますか？

「プロの投資家がやるもの。自分には真似できない」

「ずっと株価チャートを見て、1日に何度も取引をするんでしょ？」

そう思う方もいるでしょう。

でも私・はっしゃんは、サラリーマン時代に株式投資を行い、資産3億円を達成しています。そして仕事を第一にしていたので、日々の株価を気にすることはありませんでした。証券会社との取引はだいたい年に3、4日。証券口座を3年ほど使わなかった期間もあり、パスワードを忘れてログインできなくなった口座もあるくらいです。

なぜ、証券口座をほったらかしたまま資産を3億円に増やせたのか？

それは、**成長株に資金を集中させていた**から。成長軌道に乗った銘柄は放置しても成長し続け、やがては元値の10倍以上の株価となる〝**10倍株**《テンバガー》〟へと育ちます。このように投資成果を最大化させるのが、これからご紹介する**「成長株×集中投資法」**です。

適切な基準で銘柄を選び、適切な基準でチェックする。それができれば、あとはほったらかしでOKです。

成長株×集中投資法は、**サラリーマンが開発した、サラリーマンのための投資法**なのです。

本書が皆さんに提供するもの

さて、2021年現在、新型コロナウイルスによって世界中が揺れ動いています。社会構造は大きく変わり、株式市場も先行きは不透明。その中で、ウィズコロナ・アフターコロナで必要とされる新しい企業が成長しようとしています。

そして成長株×集中投資法は、今のような**変革の時代にピッタリの投資法**です。本書では「この銘柄がいい」「市場はこう変わる」といった即物的な話はしませんが、あなたにとって一生役立つ投資指南書になると思っています。

そして本書には、ある特徴があります。

私はかつて、ソフトウェア企業でITエンジニアとして働いていました。資産3億円の達成を機に独立起業しましたが、ITスキルを活かし、今は投資の便利ツールを開発する「エンジニア投資家」としても活動しています。

このあとご紹介する「月次Web」や「理論株価電卓」も、そうしてできた便利ツールの一部です。これらは誰でも無料で利用できるようWEBサイトで公開しており、多くの個人投資家に利用していただいています。

本書の一部では、これらのツールを活用し効率的に投資を行う方法についてもお伝えしていきます。スマホやＰＣをお手元に用意して随時アクセスしていただけると、より理解が深まるでしょう。

なお、ツールは企業が公開した情報をもとに動いています。ですから、ツールを使わず自分の手で調べたり分析したりすることも可能です。年月が経って私のサイトが閉鎖したとしても、本書の内容を理解していただいていれば支障はありません。

一生使える指南書と、投資効率を高める便利ツール。**書籍×ＷＥＢ**の合わせ技で、あなたの投資スキルはぐんぐん伸びていくでしょう。

成長株×集中投資法が、将来を生き抜くための一助となることを願っています。

第2章 業績変化を先取りする「月次情報」

第3章 「決算書」は1ページ目だけでOK

第4章 「理論株価」で未来の企業価値を測る

第5章 テンバガーの選び方と「利大損小サイクル」

キャラクター紹介

〈投資家 Vtuber はっしゃん〉

サラリーマン時代に株式投資で３億円を達成したエンジニア投資家。

〈平社員のタマ〉

株式投資に興味があるが、どんな株を選ぶべきか迷っている会社員。

第1章

10倍株候補を見逃さない「四季報速読」

1 全銘柄の株価チャートを1時間で読む方法

はじめに、投資先を探しましょう。成長株×集中投資法は少数の有望な銘柄に資金を集中させるので、銘柄選びが何より肝心です。

テンバガー候補を見逃さず、かつ適切な基準で選ぶ。そのために役立つのが、**「会社四季報」**（東洋経済新報社発行、以下「四季報」と表記）です。

隠れた成長株を見つけよう

四季報は、年に4回、四半期決算発表の少し前に発売されます。すべての上場企業の業績や財務状況、ここ数年の株価チャートなど、銘柄選びには欠かせないデータがぎっしり掲載される四季報。言わずと知れた、投資家必携の1冊ですね。

四季報を買ったとき、多くの方は自分が気にしている銘柄のページだけを確認しているのではないでしょうか。

でもそれでは、将来大化けする銘柄を素通りしている可能性があります。投資初心者が知っている銘柄は、一般に知名度が高く、すでに成長株となっているものがほとんどでしょう。テンバガーになる銘柄は、聞いたこともない中小企業であることも珍しくありません。自分が知っている企業の中から見つけるのは難しいはずです。

そこでご紹介するのが、**四季報の全銘柄を1時間で一気読みして隠れた成長株を見つけ出す「四季報速読」**です。

「速読」と言っても、四季報の一部分を見ていくだけなので特別な練習は必要ありません。使用するものは次の通り。

- **四季報の最新号**
- **付箋紙**
- **指サック（あれば）**

用意できたでしょうか？
それでは、四季報速読で確認するポイントをご紹介します。

株価チャートのチェックポイント

四季報を開いたら、証券コードが若いものから順番に見ていきます。
本書では、ページ上部の**株価チャート**と、各銘柄欄の左下にある**業績**の欄を中心に見ていきます（図1－1）。業績については後ほどご説明するとして、まずは株価チャートを確認しましょう。

株価チャートで見るのは、次の3つの条件すべてに当てはまるかどうか。

①株価が右肩上がり

株価チャートには「右肩上がり」「右肩下がり」「横ばい」などのパターンがありますが、そのうち「右肩上がり」を選びます。成長株の多くは、時間の経過とともに株価が上昇していくからです。

②陽線が多い

チャートの中には、「ローソク足」と呼ばれる白い棒（陽線）と黒い棒（陰線）がありま す。陽線が多いということは、株価が上昇傾向にあるということ。陽線が多い＝白めのチャートかどうかをチェックしましょう。

③半年以内に最高値を更新している

半年以内に株価が最高値になっていることは、銘柄が注目されている証拠です。ローソク足の下に書かれているのが最安値で、上に書かれているのが最高値。期間中の株価チャートで、半年以内に最高値がある銘柄を選びましょう。

まとめると、**右肩上がりで、白っぽく、右端の上のほうが一番高くなっている株価チャートならOK**。視覚的にわかる内容なので、ひと目で合格・不合格の判定ができるはずです。具体的な銘柄でチェックしてみましょう。

図1－2は、「業務スーパー」などを展開する**神戸物産〈3038〉**の株価チャートです。書籍のために私が作成したチャートではありますが、見るべきポイントは実際の四季報と変

図 1-1　四季報でチェックする場所

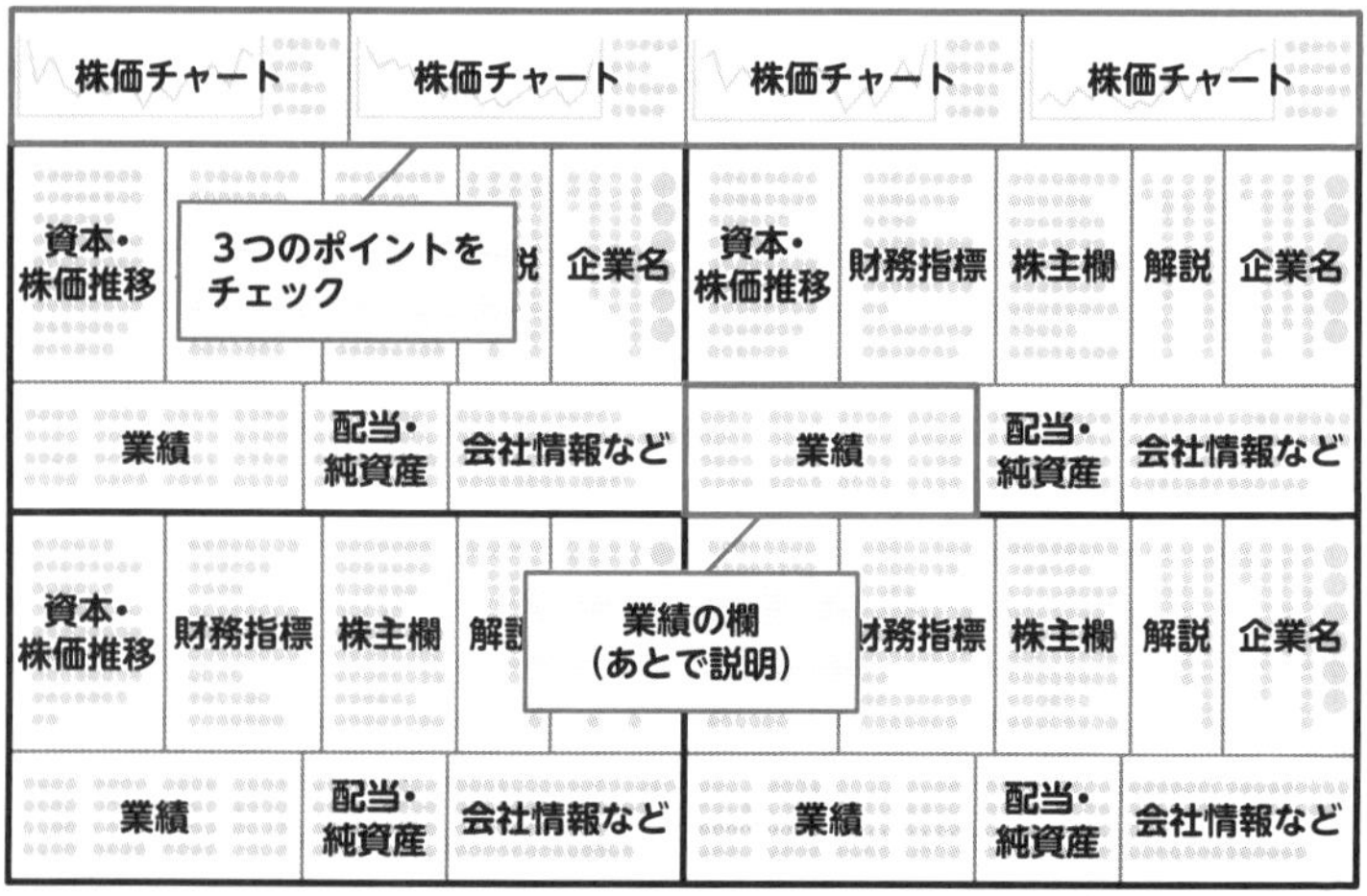

図 1-2　神戸物産の株価チャート

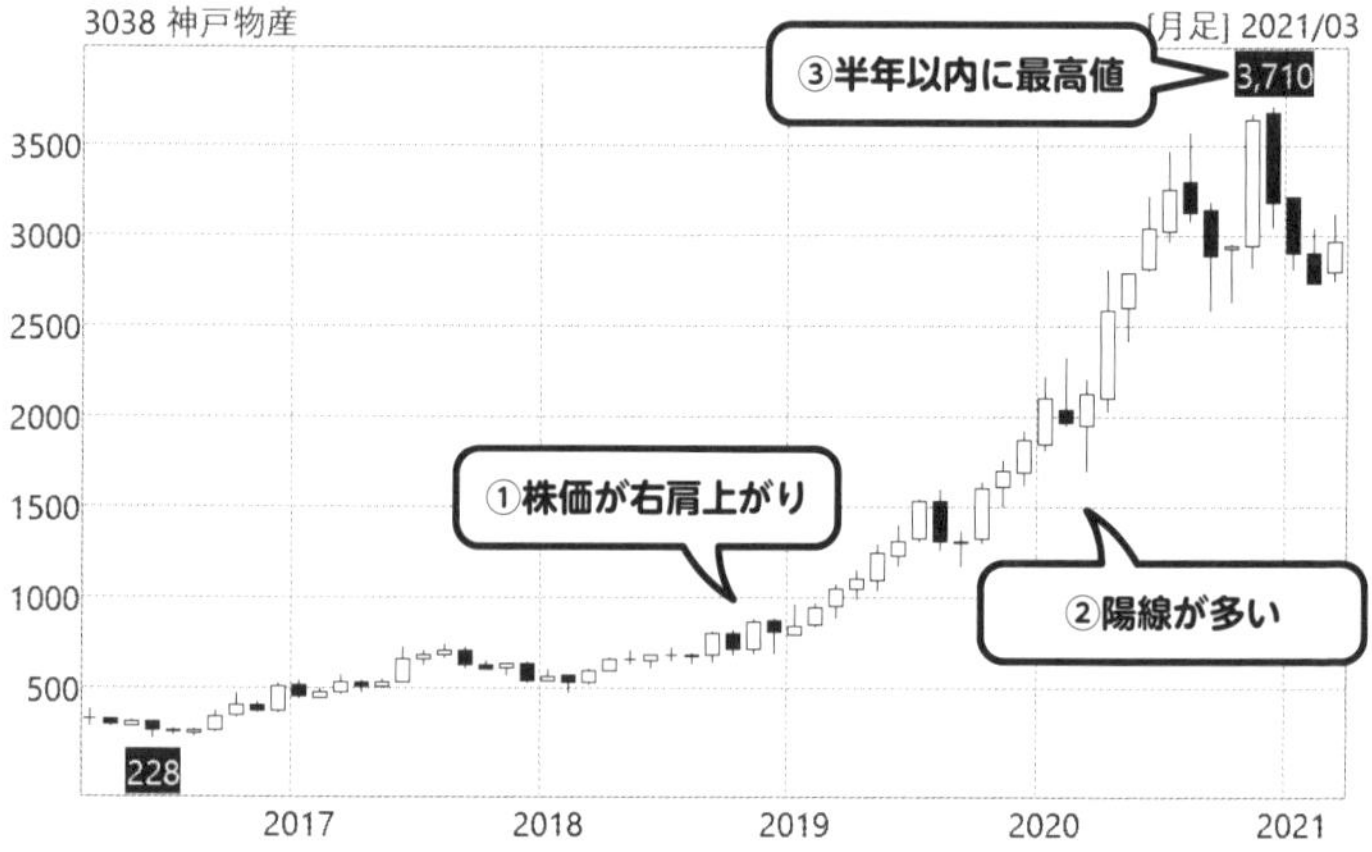

わりません。

まず①について、しっかり右肩上がりですね。②の陽線も多く、③の「半年以内に最高値」もクリア。株価は好調と見なせます。

なお、3つのうち**最も重要な条件が①の「株価が右肩上がり」**です。右肩上がりではないときは、経営が順調でなかったり、株価が上昇しすぎて頭打ちになっていたりと、長期的な課題があります。すぐに改善されるとは考えにくいので、付箋は貼りません。

四季報速読は機械的に進める

①~③を満たす銘柄を見つけたら、どの企業を選んだか見直せるように**付箋**を貼ります。

付箋は、あらかじめ20枚程度を机に貼っておくことをおすすめします。気になる銘柄を見つけるたびに付箋を束から剥がしていると、余分な時間がかかってしまうからです。

また、付箋を貼る位置を決めておくのも効率的です。邪魔にならず、かつ貼る位置が企業ごとにバラバラにならないような場所を選びましょう。

私の場合、見開きの右ページでは企業名の下あたりに、左ページでは「資本異動」という項目のあたりに貼るようにしています。

　株価チャート上の企業名は、できるだけ見ないことをおすすめします。企業名で先入観を持って選ぶのではなく、純粋にチャートの形で選びましょう。

　さっとチャートを見てパッと付箋を貼り、どんどんページをめくっていく。このリズムで、機械的にピックアップを進めていきましょう。


　慣れてくると、見開きに載っている4社ぶんの株価チャートを0・5秒でチェックできるようになります。すると、全銘柄のチェックは1時間もかからず、**40分程度**で読み終えることも可能になるでしょう。

　次に載せたQRコードの動画では、実際に付箋を貼っている様子を紹介しています。見ていただくと、かなりスピーディーに合格・不合格の判定をしていることがわかると思い

実際の四季報速読の様子は動画でも紹介中

https://youtu.be/9eslwfqIOpo

ます。

私の場合は、四季報春号の１４７銘柄に付箋を貼りました。具体的にどの銘柄を選んだかは、後ほどご紹介します。

2 業績と株価の連動で将来性を確認

次に、付箋を貼った企業の業績を確認します。

先に株価チャートをチェックしましたが、株価だけを見てもその企業の実力はわかりません。実力とは無関係のところで、株価だけ上昇トレンドになっていることも考えられるからです。

業績の裏付けなく伸びた株価は、何かのきっかけで急降下してしまう可能性があります。将来成長を続ける根拠として、**業績と株価の連動**はしっかり見ておく必要があるのです。

これからチェックするのは、各銘柄欄の左下にある業績の欄。ここから、**売上**（四季報では「売上高」）と**利益**（四季報では「経常利益」or「税前利益」）を確認していきます。

売上と利益について、四季報には過去数年の実績が記載されています（「予」と書かれている数字は四季報の編集部が独自に出した予想)。ここでは実績の部分を見て、株価同様に業績が右肩上がりで成長しているかを確認していきましょう。

業績の増減パターン

業績を見ていくと、次のようにパターン分けできます。

①売上・利益がともに増加している：○
②売上が増加し、利益は赤字だが改善している：△
③売上は増加しているが利益は減少している：△
④売上は減少しているが利益は増加している：△
⑤売上も利益も減少している：×

もっとも望ましいのは、①「売上・利益がともに増加している」です。

①と逆の、⑤「売上も利益も減少している」は論外ですね。そして②③④の銘柄は、企業の状況によっては投資先として選べることもあります。

まず②「売上が増加し、利益は赤字だが改善している」、③「売上は増加しているが利益は減少している」について、新興企業であれば許容できる場合もあります。

多くの新興企業では、市場パイの獲得を重視した経営が行われます。そのため、売上は拡大していても利益が伴《ともな》っていないことがあります。

一時的に利益が減少していたり、赤字になったりしていても、売上が大きく伸びていて将来性が期待される場合は投資先として検討できるでしょう。

一方で成熟した企業は、投資を抑え利益を伸ばそうとします。そのため、④「売上は減少しているが利益は増加している」の状態になることがよくあります。

不振事業の売却や経営の効率化など、継続的な利益成長につながりそうな場合は投資先の候補となるでしょう。伸び悩んでいる企業が成長株に転じるときは、利益が先に改善されていくことが多いものです。

がむしゃらに売上を伸ばそうとする段階にあるか、堅実に利益を伸ばそうとする段階にあるか。企業の成長ステージがどの段階かによって、投資判断は異なります。

②③④について判断に迷うときは、四季報の**業績評価欄**を確認したり、ネットで企業の情

報を調べたりしましょう。

以上をもとに、不合格の場合は付箋をはがしてください。

なお増減の判定は、**パッと見で伸び続けているかどうか**、という程度でもOKです。1年くらいマイナスの年があっても構いません。

増益が続いていればテンバガー候補

株価に最も影響する要素は「利益の成長」です。

第4章で詳しくご説明しますが、**利益が10倍になると株価も10倍になることが期待できます**。

1年で利益が10倍になることはまれですが、5年・10年かけて10倍になる企業は意外とたくさん存在します。もし年25%の利益成長が10年続けば、累積利益はほぼ10倍になります。

こういった企業を見つけるためにも、増益のチェックが大切なのです。

図1-3は、先ほどご紹介した神戸物産の業績です。2016年から2020年まで、連

続して売上・利益がともに増加。業績チェックも合格ですね。

神戸物産はタピオカブームのころ冷凍タピオカで話題になりましたが、その後も持続的に成長しているようです。

さて、私は四季報春号で付箋を貼った147社に業績チェックを行い、図1－4のように110社まで絞り込みました。皆さんの結果はどのようになったでしょうか？

共通キーワードからトレンドを読む

右肩上がりの旬な銘柄をピックアップする四季報速読には、ある副産物があります。

それは、付箋を貼った企業についてなぜ勢

図1-3　神戸物産の業績欄

	売上		利益		判定
2020	340870		23646		○
		↑+13.8%		↑+21.7%	
2019	299616		19434		○
		↑+12.1%		↑+22.8%	
2018	267175		15831		○
		↑+6.2%		↑+0.3%	
2017	251503		15778		○
		↑+5.1%		↑+80.8%	
2016	239266		8729		○

(単位：百万円。百万円未満切り捨て)

図1-4　はっしゃんが四季報2021年春号で選んだ銘柄

株価でピックアップした147銘柄

業績で絞り込んだ110銘柄

〈1407〉ウエストＨＤ〈1431〉リブワーク〈2130〉メンバーズ〈2150〉ケアネット〈2303〉ドーン〈2384〉ＳＢＳＨＤ〈2412〉ベネ・ワン〈2413〉エムスリー〈2471〉エスプール〈2588〉プレミアムW〈2760〉東エレデバ〈2919〉マルタイ〈2929〉ファーマF〈2980〉ＳＲＥＨＤ〈3021〉ＰＣＮＥＴ〈3038〉神戸物産〈3064〉モノタロウ〈3360〉シップHD〈3563〉スシローGH〈3635〉コーテクHD〈3659〉ネクソン〈3681〉ブイキューブ〈3694〉オプティム〈3697〉ＳＨＩＦＴ〈3769〉ＧＭＯ－ＰＧ〈3774〉ＩＩＪ〈3836〉アバント〈3922〉ＰＲＴＩＭＥ〈3923〉ラクス〈3937〉Ｕｂｉｃｏｍ〈4051〉GMO－ＦＧ〈4062〉イビデン〈4113〉田岡化〈4187〉大有機〈4307〉野村総研〈4308〉Ｊストリーム〈4369〉トリケミカル〈4436〉ミンカブ〈4443〉Ｓａｎｓａｎ〈4449〉ギフティ〈4485〉ＪＴＯＷＥＲ〈4490〉ビザスク〈4519〉中外薬〈4552〉ＪＣＲファ〈4684〉オービック〈4686〉ジャスト〈4812〉ＩＳＩＤ〈4880〉セルソース〈4970〉東洋合成〈5217〉テクノクオツ〈6035〉ＩＲジャパン〈6036〉ＫｅｅＰｅｒ〈6062〉チャームケア〈6070〉キャリアL〈6095〉メドピア〈6099〉エラン〈6200〉インソース〈6254〉野村マイクロ〈6323〉ローツェ〈6328〉荏原実業〈6365〉電業社〈6387〉サムコ〈6466〉ＴＶＥ〈6532〉ベイカレント〈6533〉オーケストラ〈6544〉Ｊエレベータ〈6564〉ミダック〈6594〉日電産〈6666〉リバーエレ〈6701〉ＮＥＣ〈6702〉富士通〈6727〉ワコム〈6750〉エレコム〈6754〉アンリツ〈6797〉名古屋電〈6855〉電子材料〈6857〉アドテスト〈6920〉レーザーテク〈6951〉日電子〈6967〉新光電工〈6976〉太陽誘電〈6981〉村田製〈7033〉ＭＳＯＬ〈7071〉アンビスHD〈7309〉シマノ〈7317〉松屋Ｒ＆Ｄ〈7476〉アズワン〈7532〉パンパシHD〈7564〉ワークマン〈7570〉橋本総業HD〈7733〉オリンパス〈7741〉ＨＯＹＡ〈7780〉メニコン〈7839〉ＳＨＯＥＩ〈7974〉任天堂〈8005〉スクロール〈8035〉東エレク〈8698〉マネックスG〈8919〉カチタス〈9090〉丸和運機関〈9143〉ＳＧＨＤ〈9468〉カドカワ〈9658〉ビジ太田昭〈9663〉ナガワ〈9687〉ＫＳＫ〈9697〉カプコン〈9759〉ＮＳＤ〈9903〉カンセキ〈9983〉ファストリ〈9984〉ソフトバンクG

〈3955〉イムラ封筒〈3994〉マネフォ〈4063〉信越化〈4185〉ＪＳＲ〈4475〉ＨＥＮＮＧＥ〈4478〉フリー〈4975〉ＪＣＵ〈6098〉リクルート〈6201〉豊田織〈6383〉ダイフク〈6406〉フジテック〈6645〉オムロン〈6736〉サン電子〈6758〉ソニー〈6845〉アズビル〈6861〉キーエンス〈7747〉朝日インテク〈8001〉伊藤忠〈9746〉ＴＫＣ〈3839〉ＯＤＫ〈4477〉ＢＡＳＥ〈4568〉第一三共〈4661〉ＯＬＣ〈4685〉菱友システム〈4816〉東映アニメ〈6005〉三浦工〈6273〉ＳＭＣ〈6367〉ダイキン〈7157〉ライフネット〈7832〉バンナムHD〈7903〉名木材〈8038〉東都水〈8088〉岩谷産〈8267〉イオン〈9441〉ベルパーク〈9519〉レノバ〈9605〉東映

※会社名は略称

いがあるのかを考えると、**社会を読み解く手がかり**になるということ。

例えば、先ほどチェックした神戸物産は食品を扱うスーパーです。なぜ、スーパーが伸びているのでしょうか？

これは、2020年のコロナショックによる外出自粛が一因と考えられます。外食を避け、家で自炊をする人が増えたことで、安くさまざまな食材を揃えられるスーパーが賑わうようになりました。神戸物産もその流れで業績を伸ばし、最高値を更新したのでしょう。外食から家での食事へ、という社会全体の「食」のトレンドが表れていますね。

ここで一段深掘りすると、もう一つ得られるものがあります。なぜスーパー業界でとくに神戸物産が大きく伸びているのか、考えてみてください。

神戸物産の強みと言えば、冷凍タピオカに代表される冷凍食品。足の早い生鮮食品を扱わないぶん、管理コストを安く済ませていると思われます。また、利益率の高いプライベートブランドを多く持っていることも価格競争力を強めています。

同業と比較し、特徴的なビジネスモデルが何かを考える。こうして知識を増やすことで、違う企業についても「生鮮食品がメインだから、コストはかさんでいそうだ」「プライベートブランドがあるから価格競争力がありそう」といった視点で分析できるようになります。**投資先の業界全体について理解が深まる**わけです。

業界の状況や企業の特徴は四季報にも記述がありますし、ネットでより詳しく調べてみるのもいいでしょう。こうした分析を四季報が出るたびに行っていくと、社会や業界のトレンドを定点観測することになります。少し手間はかかりますが、この地道な作業の積み重ねが成長株を見極めるスキルの向上につながるはずです。

巻末160ページからは、「付録1」として私の四季報分析をまとめました。現在勢いのある業種やトピックに加え、代表的な銘柄の株価チャート・業績判定も載せています。四季報速読の参考としても、読んでいただければと思います。

コラム

分散投資と集中投資

成長株に集中投資って言うけど……初心者だし、最初は分散投資がいい気がします。

たしかに、資産防衛を重視するなら分散投資がいいでしょう。さまざまな銘柄を保有するほうが、リスクは分散されやすくなります。

でも、「初心者だから分散投資のほうがいい」とは思いません。

1つの銘柄を選ぶだけでも、企業の業績や財務状況、成長性など、分析すべきことはたくさんあります。

銘柄をいくつも保有すると、初心者のキャパシティでは管理しきれなくなるかもしれません。効率の悪い資産運用になり、かえって損を出してしまう可能性もあります。

集中投資のほうが、初心者にも管理しやすいわけですね。

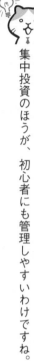

投資銘柄を半分に減らせば、1つの銘柄を分析する時間が2倍に増えますよね。そして1つの銘柄に対する投資金額を2倍にすれば、得られる成果は2倍になります。

もちろんリスクは増えますが、そのぶんリスク管理のスキルも育まれていくはずです。

適当にいくつかの銘柄を選んで中途半端な投資を続けていては、何年経っても投資は上達しません。

リスクを避けてなんとなく投資をしている投資家と、**リスクを引き受けながら集中投資にチャレンジする投資家**。

10年後を考えると、より成功しやすいのは後者ではないでしょうか。

初心者だからこそ、少数の銘柄を徹底的に分析する集中投資でスキルを磨き、成功する投資家を目指してほしいと思います。

コラム

「集中シフト投資法」で攻めの分散投資をしよう

四季報速読で、成長株が100個ぐらい見つかりました！
……うまく絞り込めるかな。

四季報速読で見つけた成長株については、このあと第4章までで詳しく分析し、少数のテンバガー候補に絞り込んでいきます。

ただ、投資はタイミングが肝心。分析して絞り込んでいる間に株価が上がり、買うのに適さない銘柄になってしまう可能性もあります。

そんな！

そこでご紹介するのが、**分散投資と集中投資のハイブリッド・「集中シフト投資法」**。

この投資法では、まず四季報速読で銘柄を**50個**くらい選び、そのすべてに分散投資をします。そして様子を見つつ業績でふるいにかけ、最終的にテンバガー候補への集中投資にシフトさせていきます。

タマくんのように大量に見つかってしまった場合は、「業績評価欄の記述が気になる」「自分が詳しい分野の企業だ」というように、より興味のある50個を選びます。この段階では細かく調べなくてもＯＫです。

投資資金が足りない場合は、50個より少なくしても構いません。ただ数が少なすぎるとテンバガーを逃す可能性もあるので、できるだけ多めにとっておいてほしいと思います。

■ 集中シフト投資法のやり方

ここからは、具体的に集中投資へシフトさせる手順をご説明します。

1．50銘柄を購入する

まず、銘柄の購入方法について。

1銘柄当たりの投資金額ができるだけ同じになるよう、株数を調整して購入します。これは、成果を比較しやすくするためです。

とはいえ、50銘柄に単位株で投資するとなると多額の初期資金が必要になってしまいます。さすがにそこまで用意できる方は少ないと思うので、自分の予算に合わせ、１株から購入できるミニ株を利用してもＯＫです。

2．損切りルールを決めておく

購入したら、「どこまで下がったら損切りをするか」という**損切りルール**を決めます。

例えば、「個別銘柄はマイナス50％になった時点で強制的に損切りする」「50銘柄がトータルでマイナス50％になったらすべての銘柄を引き上げる」といったルール。これなら、どんなに悪いことが起きても損失は投資金額の半分ですみます。

3．成長路線から外れたら売却&残りの銘柄に再投資

この投資法は、増収増益がずっと続く成長企業への集中シフトが前提です。減益などで右肩上がりの成長路線から外れてきたら、含み益があってもなくても売却します。

そしてこの売却で得た資金は、**残りの投資候補に再投資**します。次の①②③を基準に、上位の銘柄を再投資先に選ぶといいでしょう。

①利益成長率が高い
②株価上昇率が高い
③含み益が多い

4.テンバガー候補へ集中シフトする

いよいよ、本格的に投資先を絞り込みます。

成長株がテンバガーへと至る過程には、10～20％程度の成長から、30％以上へと成長が加速する時期があります。

どの程度でテンバガーの過程にあると見なすか、判断基準は自分で考えて構いません。この段階まで運用を続けると銘柄のビジネスや業績についても理解が深まっているはずなので、成長が加速しているか見抜くことは難しくないでしょう。

私の場合、テンバガー候補の条件は**「売上成長率と利益成長率が30％以上、または当初比で2倍以上の継続的な成長が数年程度期待できること」**などと設定しています。これを満たすものが出てきたら、保有株の含み益が相対的に低い銘柄を売却します。そしてそれを原資に、テンバガー候補として認定したものを買い増していくのです。こうして分散投資から集中投資へと舵を切り、テンバガー達成を狙います。

以上が基本的な成功パターンです。

もちろん、想定外の大暴落で損失を出したり、あるいはそもそも選び出した50銘柄がテンバガー候補に変身しなかったり、失敗もないわけではありません。大暴落のようなケースはともかく、銘柄選びの失敗については自分の実力不足と認識して、四季報速読をおさらいしましょう。

集中シフト投資法は、資産防衛のための分散投資ではありません。大胆に投資するための体制をつくる、**攻めの分散投資**なのです。資金を集中させる中で投資スキルも上がっていくはずなので、ぜひチャレンジしてみてください。

初心者のおためしにも最適

ちなみに集中シフト投資法は、初心者がおためしゲーム（シミュレーション）として行うのにもおすすめです。実際には購入せず、自分が選んだ銘柄の株価や業績の推移を見守って、成長株×集中投資法を体験してみてください。

第2章

業績変化を先取りする「月次情報」

1 月次情報は投資情報の宝庫

銘柄探しは、四半期ごとの四季報をもとに行います。しかし、企業や社会の状況はつねに変わり続けるもの。四半期の間にも、新しい成長株が現れる可能性は十分あります。

そこで、成長の兆しをより早く見つけたいときに使えるのが**「月次情報」**。毎月の売上などを速報として公開しているもので、企業のＷＥＢサイトに掲載されています。

月次情報は、すべての企業について手に入るわけではありません。公開している上場企業は現在２７７社で、そのほとんどは小売業やサービス業です。

探せる範囲は限られますが、タイムリーに業績を把握できる点で大変便利なので、四季報と併せて活用していきましょう。

月次情報のポイント

月次情報にはいくつか項目がありますが、ポイントになるのは月次売上の数字です。

①既存店売上

月次売上には、**「全店売上」**と**「既存店売上」**の2つがあります。全店は文字通り全国すべての店舗。そこから、オープンから1年くらいまでの新店を除いたのが既存店です。**新店は自然と人が集まり売上が高くなる**ので、より正確に実態を把握できるよう分けて記載されています。

ですから、新店を抜いた既存店売上が前年同月比100%を超えたときは、基本的に業績好調と見ていいでしょう。逆に100%を大きく下回る、あるいは100%割れが連続しているときは赤信号です。100%を超えた場合でも、前月から数字が大きく低下した場合は黄色信号かもしれません。

また、店舗営業を中心とする小売業やサービス業では、テナント代や人件費といった固定費がかさみます。既存店売上がマイナスだと、全店売上がプラスでもトータルの利益はマイナスになっている可能性があります。しっかり見ておきましょう。

②全店売上

全店売上も、前年同月比１００％を超えていればＯＫです。

ただし一見好調に見えたとしても、市場の予想を下回ると期待値に届かず、株価が下がってしまうこともあるので注意してください。

市場の予想はさまざまな要素で動きますが、四季報予想や決算書の会社予想（後述）がコンセンサスになります。全店売上は四季報や決算書に載っている売上と対応する数字なので、比較して進捗を確認しましょう。

月次情報から成長株を見つける方法

普通の株が成長株へと伸びていく様子は、月次情報からも読み取ることができます。

月次売上に表れる変化は、おおむね次の3段階。

①成長の初動
：前年同月比100％割れが続く状態から、100％超えへと転換
②低成長からの加速
：前年同月比100％→110％→120％と、10％くらい数字が上ブレ
③高成長入り
：前年同月比130％以上

①②③状態であれば、成長株と見なすことができます。ただし①「成長の初動」に見えたものが実は一時的な好調である場合や、③「高成長入り」をしていてもすでに人気化していて購入には適さない場合もあるので注意しましょう。

こうして月次情報から成長株をピックアップしたら、**四季報速読と同様に株価と業績推移を確認**していきます。一般的には、月次売上が好調で「高成長入り」している企業ほど株価は右肩上がりとなり、増収増益傾向になるでしょう。逆に「成長の初動」段階にある企業は、まだ株価や業績の動きが少ないかもしれません。

月次情報で
成長株の業績変化を先取りする

図２－１は、全国で子ども服店を展開している**西松屋〈7545〉**の株価と月次売上の推移です。

２０１９年の既存店売上は、１００％を前後する横ばい状態。しかしコロナショックが起きた２０２０年、流れは変わります。

百貨店や大型ショッピングモールが外出自粛のあおりを受けて営業休止となり、郊外型ロードサイド店が中心の西松屋に追い風が吹いたのです。

同年２月には既存店売上が１１２・６％、２０２０年３月には１２１・３％と成長が加

図2-1　西松屋の株価と月次売上の推移

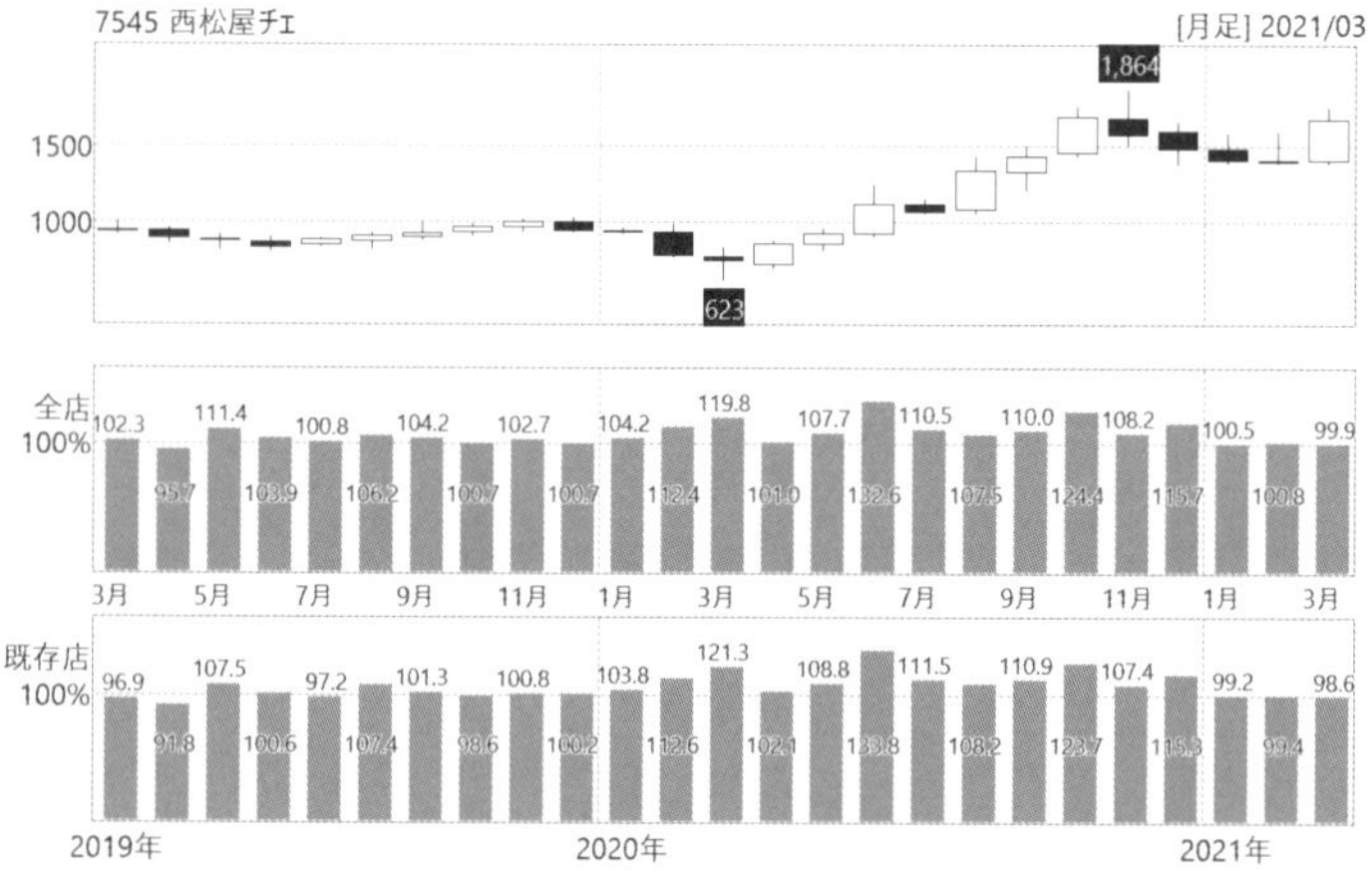

速しています。成長の3段階のうち、②「低成長からの加速」に当てはまりますね。

しかし、業績が好転しているにも関わらず、3月には株価が623円と期間安値を記録しています。これは当時、市場全体がコロナショック暴落の影響を受けていたためです。

その後、既存店売上110％前後の好調が続いていくうちに株価も追いついていき、11月には1864円にまで上昇しました。徐々に業績も落ち着いていきますが、株価はしばらく高値圏で推移しています。

月次情報を読むことで、株価に表れていない成長の兆しにも気付くことができるのです。

月次売上１２０％×11年で株価は２８０倍に

ここで、**モノタロウ〈３０６４〉**の月次売上を見てみましょう（図２－２）。モノタロウは、工具や資材を扱う通信販売企業です。ECサイトによる運営なので、全店・既存店の区別はありません。

月次売上の推移を見ると、２００９年のリーマンショック時以外、11年間にわたり平均１２０％台で月次売上が成長し続けています。

結果、株価はなんと２８０倍まで伸びました。**毎月１２０％くらいの銘柄でも、長期保有していれば数百倍の成長を期待できる**のです。

図2-2　モノタロウの株価と月次売上の推移

	1月	2月	3月	4月	5月	6月	7月	8月	9月	10月	11月	12月
2009	112.0%	103.1%	103.6%	103.0%	92.7%	95.1%	96.3%	105.4%	91.3%	102.5%	109.5%	101.9%
2010	117.7%	122.7%	130.7%	128.7%	122.1%	120.1%	122.9%	120.5%	123.1%	118.0%	132.8%	133.4%
2011	127.0%	126.0%	122.9%	121.3%	128.6%	132.8%	121.2%	127.2%	126.0%	127.1%	123.7%	125.0%
2012	128.2%	136.9%	126.7%	130.7%	134.3%	122.9%	134.6%	129.8%	125.8%	132.1%	125.7%	121.6%
2013	117.8%	113.9%	116.7%	122.0%	119.6%	113.3%	124.4%	114.7%	124.0%	123.4%	122.1%	127.7%
2014	134.2%	129.4%	151.8%	122.8%	121.0%	131.3%	123.8%	121.6%	134.4%	123.8%	117.7%	125.5%
2015	121.4%	125.8%	117.6%	130.7%	123.9%	135.7%	130.7%	134.2%	123.0%	125.0%	127.3%	122.1%
2016	121.9%	124.7%	122.5%	117.2%	122.5%	120.8%	111.5%	124.2%	122.7%	114.9%	125.5%	121.7%
2017	123.5%	121.9%	123.5%	123.9%	129.2%	125.8%	128.3%	127.5%	128.1%	129.8%	125.0%	126.9%
2018	121.9%	121.5%	122.3%	125.5%	130.7%	122.8%	129.8%	125.3%	115.1%	132.7%	127.3%	118.4%
2019	130.5%	126.5%	117.4%	122.2%	122.6%	114.4%	125.3%	116.0%	129.5%	110.1%	114.4%	117.9%
2020	116.2%	118.0%	122.6%	120.9%	110.4%	131.1%	115.4%	121.0%	116.6%	123.3%	117.1%	126.6%
2021	127.4%	118.7%	127.8%									

前年比120%越え

私も当初からモノタロウの月次を見ていたのですが、残念ながら投資はしていませんでした。新規事業がモノタロウよりも大きく成長している銘柄があり、そちらに投資していたからです。結果、その銘柄は25倍に伸びましたが、モノタロウの成長には及びませんでした。長期投資の判断を適切に行うには、**単月だけではなく長期の業績推移で見ていく**ことが大切ということです。

ちなみに成長株の判断では、**ライバルとなる同業他社との業績比較**も有効です。同業他社も好調である場合、業界全体として好調になっているだけで、その企業自体が成長しているわけではない可能性があります。逆に同業他社を差し置いて好調になっている場合は独り勝ち状態となっていることが多く、より長期的な成長が期待できます。

月次情報で成長倒れに気付ける

もう一つ、**ペッパーフードサービス〈3053〉**の推移を見てみましょう（図2－3）。こちらは数年の間で株価の急騰と急落があり、会社存続の正念場を迎えることになってしまった企業です。

同社はもともとカットステーキとライスの飲食店「ペッパーランチ」という店舗を展開していましたが、2013年12月に「いきなり！ステーキ」1号店をオープン。「ペッパーランチ」で販売していたワイルドカットステーキがヒット商品になっていたこともあったためか、レストラン事業の既存店売上はどんどん拡大しました。

2016年の暮れ、小池百合子都知事が「いきなり！ステーキ」での食事風景をツイートしたあたりからは、既存店売上が15回連続100％超え。まさに絶頂期を迎えました。

さらにニューヨーク出店を機に、アメリカ事業への期待によって株価は急騰します。2017年1月には500円台だった株価が、

図2-3　ペッパーフードの株価と月次売上の推移

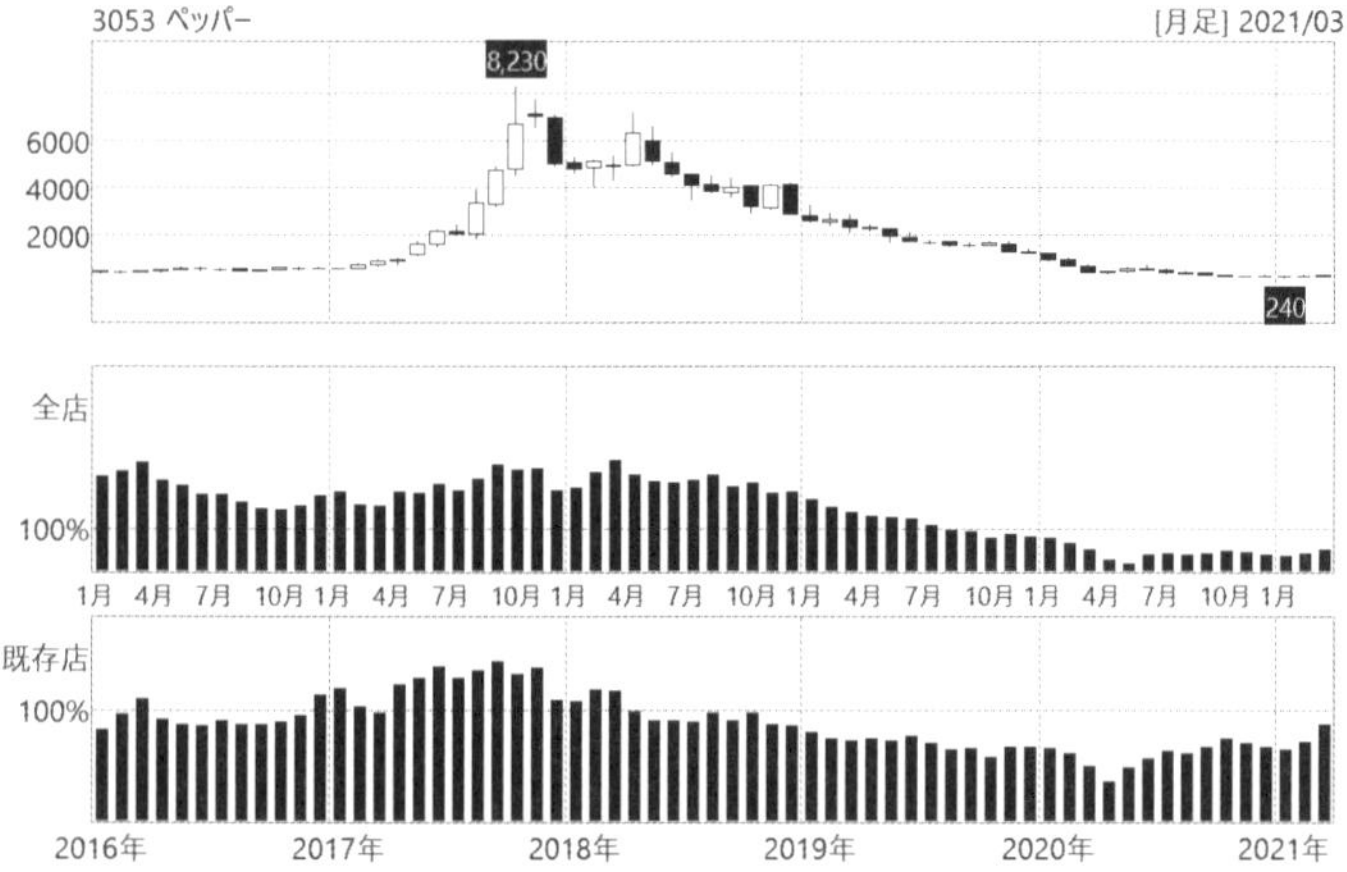

同年10月には８２３０円まで伸びました。

その後も大量出店を続けていたので、事情を知らなければ好調に見えたでしょう。しかし実際のところ、２０１８年４月には既存店売上が１００％を割り込み始めていました。月次情報で不振が明らかになった数カ月後からは、株価が急降下していきます。２０２１年３月には、３００円ほどにまで下がってしまいました。

月次情報を見ていれば、こうした業績変化に気づき、成長倒れになる前に売却できたわけです。保有株のリスク管理にも、月次情報を役立てていきましょう。

2 「月次Ｗｅｂ」で効率的に月次情報を分析

月次情報は、タイムリーな情報を得られるという点で非常に重要です。

とはいえ、ネットで検索して月次情報を調べ、推移を見て……という作業を毎月行うのは、面倒なものです。

そんな皆さんのために用意したのが**「月次Ｗｅｂ」**。これは私が監修しているサイトで、２７７社の月次情報を集め、売上の変遷や業種別ランキングなどをわかりやすくまとめたものです。

ここからは、そんな月次Ｗｅｂのデータを見ながら月次情報を分析していきます。

勝ち組業種と負け組業種

月次Ｗｅｂのトップページには、「業種別月次平均」のグラフがあります。

これは、月次公開企業を10個の業界に分類し、その業界内の平均の増減率をグラフにしたものです。サイト上で見ると、ピンクのグラフが全店、青のグラフが既存店になります。なお、ネットサービス業界には既存店・新店の区別がないので全店のみの表示です。

長期投資で選ぶのは成長が期待できる企業ですが、業種についても勝ち組の成長業種とそうでない負け組業種があります。

そしてこのグラフでは、今の勝ち組と負け組が一日でわかるようになっています。

月次Web

http://kabuka.biz/getuji/

２０２１年3月18日のグラフを見ると、ネットサービスのほか、通販・ＥＣ、食品・スーパーの売上が前年同月比１００％を超えています。これらの共通点がわかりますか？

そう、**コロナ禍がメリットになっている業種**だということです。みんな外出を控えているのでリアルのお店の売上が伸びない代わりに、通販やＥＣの需要が伸びています。それに、外食の代わりに食品スーパーで食材を買う人も増えていますよね。

同業種内の勝ち組・負け組

ドラッグストア業界を例に、同業種内の勝ち組と負け組を見てみましょう。

「業種別 月次 全店ランク」のカテゴリーに

図2-4 月次Web「業種別月次平均」

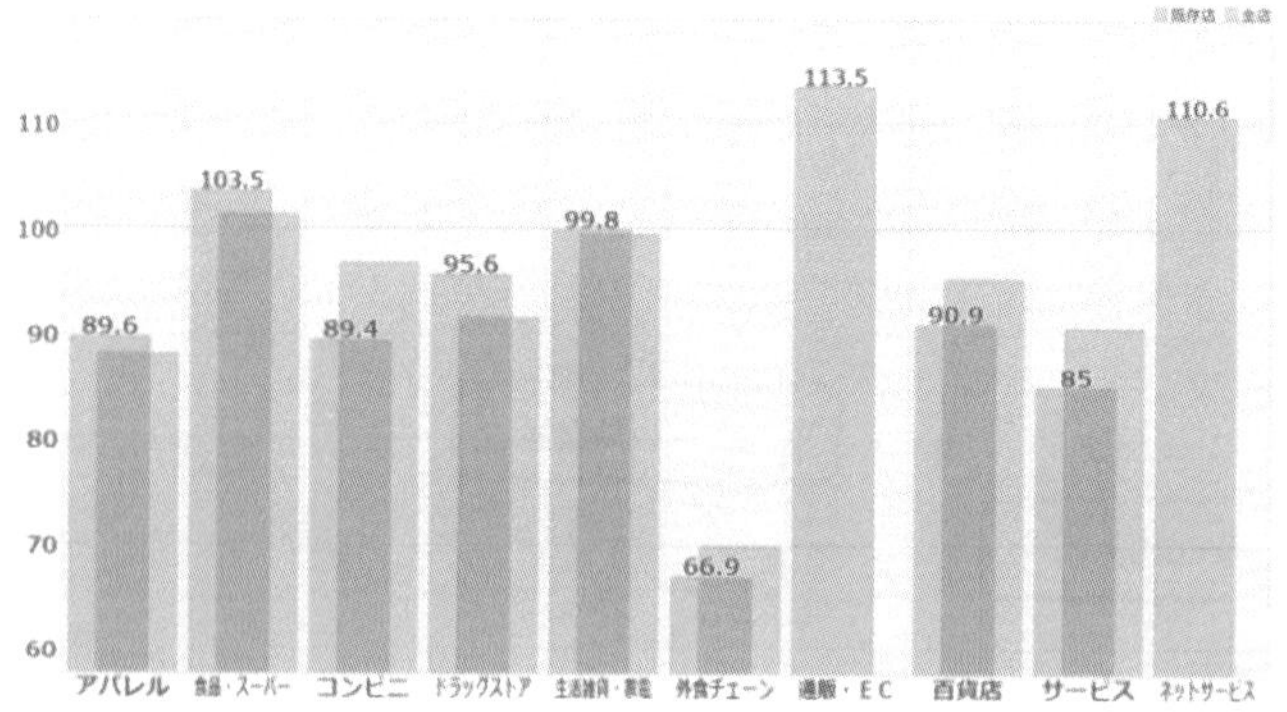

移動して、「ドラッグストア」をクリックします。すると、全店売上の増加率が高い順に企業が並びます（公開日の新しい企業が上位となる点にご注意ください）。

ここで表の下に表示される「月次　全店グラフ」を見ると、X軸と平行に赤い線が1本走っています。この線が、前年同月比100%のラインです。これ以上ならまず合格、これ以下だったら調子が悪いということになります。

マスクや消毒液のようなコロナ特需もあったドラッグストア業界。月次売上を見ると、さすがに息切れしそうな様子です。

好調と不調の端《は》境《ざかい》期《き》にあるようなドラッグストア業界ですが、このようにグラフにし

図2-5　月次Webドラッグストア　月次売上全店グラフ

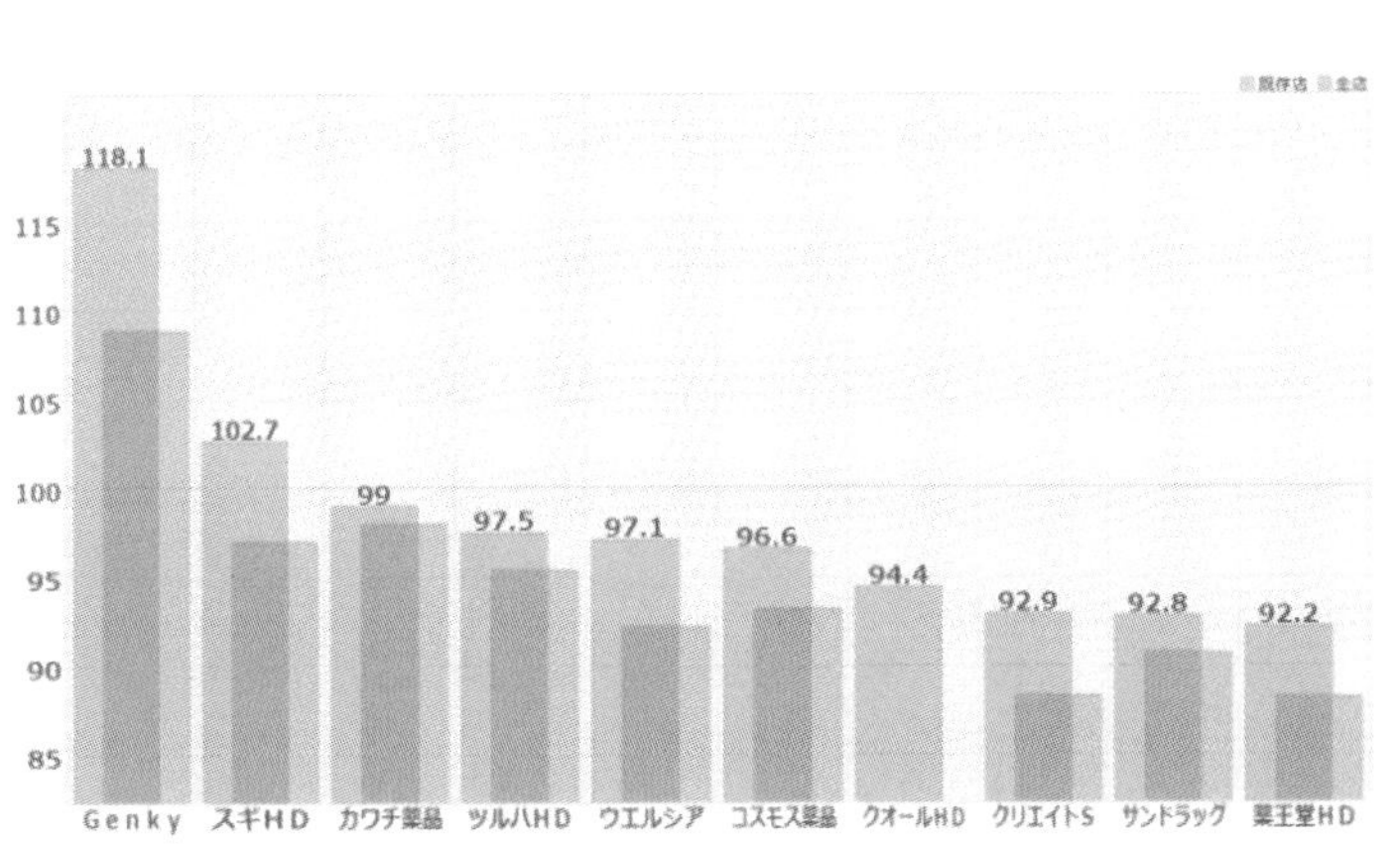

てみると、同じ業界の中でも好調な銘柄とそうでもない銘柄があることがわかります。

２０２１年3月現在、もっとも調子が良いのは**Ｇｅｎｋｙ〈９２６７〉**。福井県や石川県にあるドラッグストアです。２番目には、「スギ薬局」などを展開する**スギＨＤ〈７６４９〉**が続きます。

調子が悪いのは、**ココカラファイン〈３０９８〉**や**クスリのアオキ〈３５４９〉**、**マツモトキヨシ〈３０８８〉**。これらは通勤時の来店を期待した駅前出店が多かったので、テレワークが推進される中で売上が減少してしまいました。とくにマツモトキヨシは、中国人観光客の「爆買い」といったインバウンド需要で儲かっていたため、入国制限により打撃を受けています。


業種別ランキング以外にも、月次Ｗｅｂには月次公開企業すべてを対象にした全店ランキングと既存店ランキングを用意しています。トップ10に聞いたことのない企業があれば、企業名をクリックして詳しい情報を調べてみてください。現在どんな業種・事業内容の銘柄が伸びているのか、勉強になるはずです。

月次情報を活用しよう

月次情報の公開予定日は、業種によっておおよそ決まっています。関心のある業種があれば、「毎月○日には月次情報を見る」とルーティンを決めて確認しましょう。

以上、この章では月次情報についてまとめました。

巻末180ページの「付録2」では、10業界の特色と上位企業を紹介しています。あくまで執筆現在（2021年3月）の内容であり、かつ私の個人的な分析ではありますが、業界分析の一つの例として参考にしてください。

図2-6　月次公開日の傾向

業界など	公開日
アパレル	1～2日に主力組のリリースが集中
食品・スーパー	各社バラバラ
コンビニ	10日に揃う
ドラッグストア	25日～翌15日あたりまで
生活雑貨・家電	1～10日あたりまで
外食チェーン	牛丼、回転寿司、ファストフードは5日くらいまで
通販・EC	10～15日くらい。遅めが多い
百貨店	1日に速報、15日に確報
サービス	10～15日くらい。遅めが多い
ネットサービス	10～20日くらい。遅めが多い

※決算月に当たると、月次情報が決算発表まで遅れる企業もある
※20日〆企業は、21日から月末にリリース

コラム

ＢｔｏＣビジネスの勝ち組を発掘しよう

初心者の投資先でおすすめの業界を教えてほしいです！

おすすめは、ＢｔｏＣビジネス（Business to Consumer＝一般消費者にモノやサービスを提供するビジネス）の業界。月次情報を公開しているのも、多くはＢｔｏＣを手がけている衣料品店や外食チェーンのような小売業・サービス業の企業です。

まず、身近な企業が多く、**投資先としてイメージがわきやすい**のがメリットです。気になる店舗ができたらのぞいてみる、あるいは話題になっているスポットに足を運んでみるなど、自分のアンテナをちょっと伸ばせば有望な成長企業を発掘することができます。

また小売業やサービス業の成長は、基本的に出店数に比例します。公表されている事業計画や出店計画を調べることで、初心者でも成長予測を立てやすいでしょう。

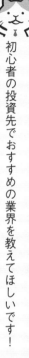

なるほど、わかりやすいのがメリットなんですね。

さらに魅力的なのが、ほかの業種に比べ、大手企業による寡占が進んでいないという点です。ＢｔｏＣビジネスは消費者のニーズに左右されるので、トレンドにうまくはまった新興企業が老舗企業を凌《しの》いだり、トップ企業が入れかわったりと激しく変動します。

これは投資家にとって、**今後成長するお宝企業を見つけるチャンスが多い**ということ。ＢｔｏＣビジネスでは、独自のビジネスモデルを持つ企業があっという間にトップへ躍り出ます。そこまでの成長ではなくても、時代にフィットすれば5年、10年単位の息の長い成長が続くことも珍しくありません。

人口が減少している日本において、ＢｔｏＣビジネスは限られたパイを奪い合う厳しい業界です。しかし勝ち負けがはっきりしているからこそ、勝ち組に投資できたときのリターンも大きいのです。もちろんリスクも高くなりますが、そのぶんリスク管理スキルを伸ばすのに適した投資先であるとも言えるでしょう。

コラム

コロナバブルとＩＴバブル

月次情報で見つけたコロナ禍での勝ち組に、どんどん投資していきます！

勝ち組に投資するのはいいのですが、注意しておきたいのが２０００年前後に起きたＩＴバブルとの共通点です。

ＩＴバブルのころ、とにかく「インターネットで社会が変わる」という期待感で株価が上昇していました。しかし、何が変わるのかは誰もよくわかっていませんでした。

このような状態では、どこが限界かわからずに行きすぎた株価になってしまいます。行きすぎた株価はやがて暴落し、投資家も大損失を出してしまうことになります。

現在、一部の銘柄は「コロナバブル」と言ってもいい状態です。**何がどうなるのか予測が難しいのに人気化している**点で、ＩＴバブルと似た危険性があると言えるのではないでしょうか。

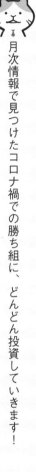

ＩＴバブルは、最後どうなってしまったんですか？

ＩＴバブルで急騰した銘柄は、ヤフーや楽天など優良な成長株であっても暴落を免《まぬが》れることはできませんでした。しかし、本物の成長株はいったん暴落しても成長し続けて復活しています。

成長が継続している場合は、バブル崩壊があったとしても売るのが正解とは言いきれません。コロナバブルが崩壊したとしても、成長株かどうかをしっかり見極めたうえで保有・売却の判断をしましょう。

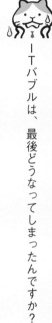

第3章

「決算書」は1ページ目だけでOK

1 決算書は「企業の通信簿」

ここまでで、たくさんの成長株を見つけることができたのではないでしょうか。

第3章からは、それらを業績でふるいにかけ、より成長力の大きい銘柄を選び出していきます。

業績を詳しく調べるとき、便利なのが**決算書**です。

「バランスシートやら損益計算書やら、決算書って難しそう……」と思う方もいるでしょう。

でも成長株×集中投資法の決算書分析は、**1ページ目の一部を読む**だけ。

この章では、決算書の効率的な読み方を解説していきます。

決算書のキホン

投資家の立場からすると、**決算書は「企業の通信簿」**です。

親にとっての通信簿は、子どもの努力の結果がわかるものであると同時に、将来への期待値を示すものでもありますよね。

オール２の子どもとオール５の子どもを比べたとき、将来的に高学歴や高収入、高い社会的地位を手にするのはどちらだと思いますか？

たいていの人は、オール５の子どもだと考えるのではないでしょうか。

決算書もこれと同じです。

良い結果を出している優等生企業は、将来的にも配当や株価の上昇の期待値が高いはずですよね。逆に「有名だから」とか、「なんとなく気になるから」という理由で劣等生企業に投資をしても、良い結果を得られる確率は低いでしょう。

投資で結果を出すためには、決算書で優等生企業を見つける必要があるのです。

本決算と四半期決算

上場企業は、決算書を公開するよう法律で義務付けられています。ですから投資先企業を分析しようと思ったとき、決算書がないということは基本的にありません。

決算は1年間で4回行います。会計年度末に発表される「本決算」と、それまでの四半期ごとに発表される「四半期決算」です。

そして決算のおよそ1カ月後には、売上や利益を記載した「決算短信」が公開されます。本書でいう「決算書」は、この決算短信を指しています。

決算月（本決算を行う月）は企業によって

図3-1　3月決算のスケジュール例

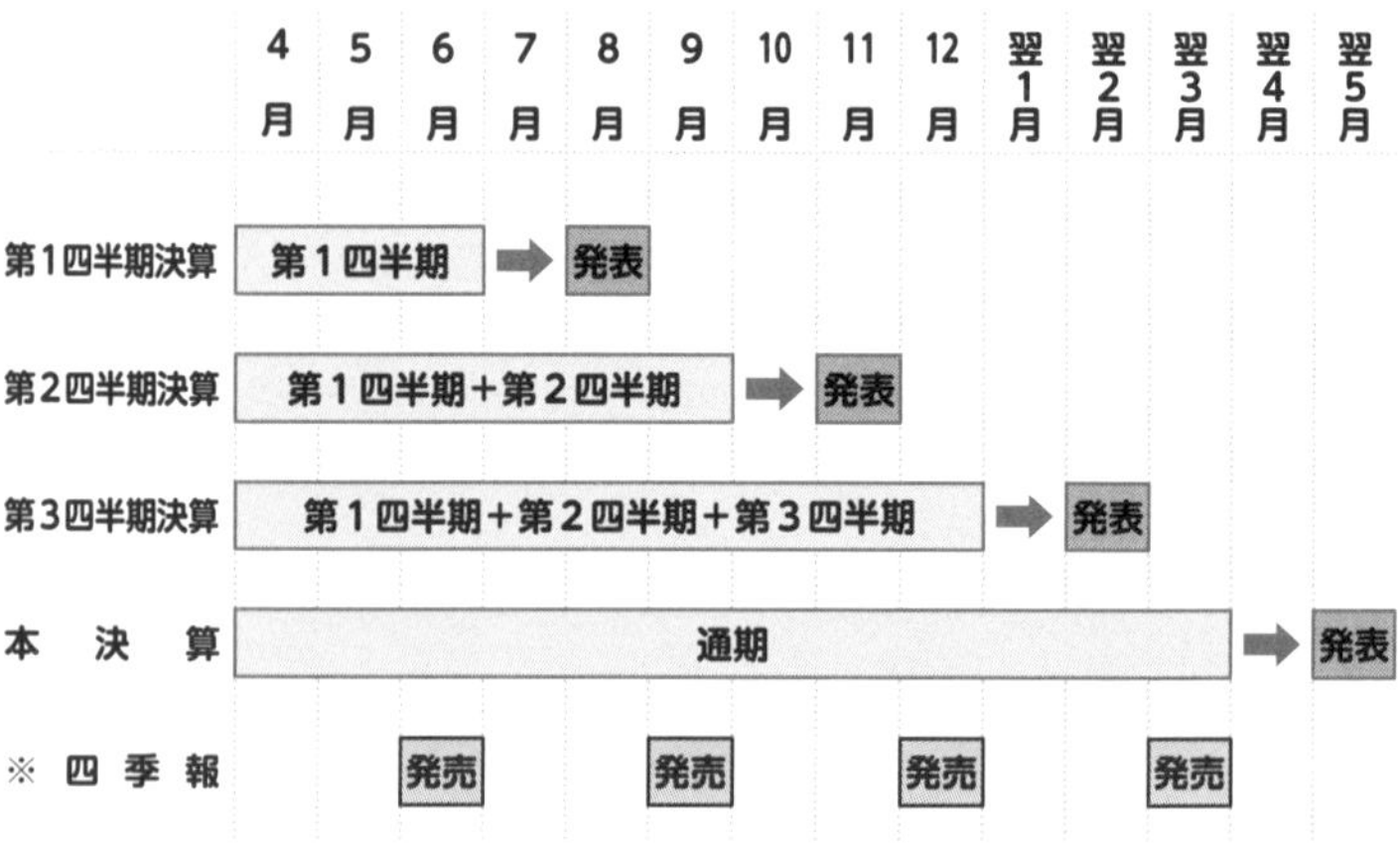

異なりますが、日本企業に多いのは3月決算です（図3-1）。ただ、伝統的に小売業では2月決算が多かったり、キヤノンのようなグローバル企業では海外に多い12月決算にしていたりします。

四季報の発売は、だいたい3月中旬・6月中旬・9月中旬・12月中旬。3月決算における決算書表の少し前になっています。掲載されている情報は、その前四半期までの決算情報です。

決算書の探し方

決算書は、ネットで気軽に調べることができます。

①各企業のWEBサイト

上場企業のWEBサイトには、「IRニュース」や「IRライブラリ」などIR情報のページがあります。その中にある「〇〇年決算短信」といった名前のPDFファイルが決算書です。

②ＪＰＸの適時開示情報閲覧サービス

ＪＰＸの適時開示情報閲覧サービスから探す方法もあります。公開日を指定すると、その日公開された開示情報が一覧表示されます。

企業名や銘柄コード、「決算短信」とキーワード検索すると出てくるでしょう。

(https://www.jpx.co.jp/listing/disclosure/index.html)

③日本経済新聞（NIKKEI.COM）

日本経済新聞社のサイトでも探すことができます。日経平均株価やニュースなども一緒に見ることができ、便利です。

(https://www.nikkei.com/markets/kigyo/money-schedule/kessan/)

④株探（かぶたん）

決算やニュースがまとめられた、個人投資家に人気のサイトです（一部有料あり）。

(https://kabutan.jp/)

①では、過去決算まで遡って業績推移をチェックしやすいでしょう。決算発表の当日などにさまざまな企業の決算をチェックしたい場合は、②③④がおすすめです。

2 決算書1ページ目の確認ポイント

決算書で確認するのは次の3点です。

ポイント1：業績は増収増益か
ポイント2：会社予想は増収増益か
ポイント3：会社予想に対する進捗率は順調か

決算書にはさまざまな数字が書かれていますが、ポイントはこれだけです。そして分析に必要なほとんどの情報は、1ページ目から見つけることができます。

投資家の中には、バランスシートなどを細かく分析する人もいます。しかし**成長株×集中投資で大切なのは、持続的に成長しそうかどうか、時系列の変化を見ること**です。ですから1つの決算書で全ページをじっくり見るよりは、1ページ目だけに絞り、数年ぶん見ていくことをおすすめします。

どのように分析を進めるのか、実際の決算書で確認していきましょう。取り上げるのは、**任天堂〈7974〉**の2021年度3月期・第3四半期の決算短信です。

コロナ禍の巣ごもり需要で『あつまれ　どうぶつの森』が大ヒットし、「Nintendo Switch」がバカ売れした任天堂。どのような決算になったのでしょうか。

ポイント1：業績は増収増益か

ポイント1では、決算書の売上・利益をもとに「業績は増収増益か」を確認します。確認するのは1ページ目上部。売上は「売上高」の部分を、利益は「経常利益」の部分を見ます。あとでご説明しますが、経常利益は「税引前四半期利益」（以下、「税引前利益」）などと記載されることもあります。

売上高と経常利益の欄には、「○○％」とあります。これは前年度の同四半期と比べた増減率で、**10％以上増えていれば順調**と見ていいでしょう。ただし成長株では、前年同四半期や前四半期より成長率が減速した際は「成長が鈍化している」と考えなくてはいけない場合もあります。

今四半期の任天堂は、売上が37・3％増、経常利益が92・9％増。前四半期と比べても減速しておらず、数字は文句なしで好調です。

ポイント2：会社予想は増収増益か

ポイント2では、1ページ目の一番下に書かれている通期の会社予想が増収増益か確認します（2ページ目にずれていることもあります）。

任天堂では、売上高は22・3％増、経常利益は52・6％増と大幅な増収増益を見込んでいます。問題なさそうですね。

また、会社予想の下には「**修正の有無**」が書かれています。

図3-2 任天堂の決算書

第3四半期決算短信〔日本基準〕(連結)

企業によって基準は異なる。
※詳しくは３章－３で説明

1.2021年3月期第3四半期の連結業績

(百万円未満切り捨て)

(１)連結経営成績(累計)　(%は、対前年同四半期増減率)

	売上高		経常利益	
2021年3月期第3四半期	百万円 1,404,463	% 37.3	百万円 528,230	% 92.9
2020年3月期第3四半期	1,022,668	2.5	273,841	14.0

１.業績は増収増益か

２.会社予想は増収増益か

3.2021年3月期の連結業績予想

(%は、対前期増減率)

	売上高		経常利益		1株当たり当期純利益
通期	百万円 1,600,000	% 22.3	百万円 550,000	% 52.6	3357円86銭

(注) 直近に公表されている業績予想からの修正の有無：有

※2020年～2021年の決算短信のデータを抜粋

前四半期、今四半期と続けて想定以上に業績がよかった場合、企業は強気になって会社予想を上方修正することがあります。その反対に、予想通りに進みそうもない場合は弱気になって下方修正します。

今回の任天堂にも修正がありました。前四半期の決算書を確認すると、会社予想の売上高は1・4兆円。今四半期は1・6兆円なので、しっかり上方修正されています。

会社予想については、強気に出す企業も弱気に出す企業もあります。

任天堂は少し保守的なタイプなので、2020年8月公開の第1四半期決算では減収減益の予想を出しています。しかし投資家たちは任天堂の性格を知っているので、株価が下がることはありませんでした。実際に、今回見た通り業績はぐんと伸びています。

会社予想を見るときは、**企業の性格を考慮する**必要があるわけです。企業の性格は、過去の決算書でどんな予想を出し、どんな結果となったかを確認すると見えてくるでしょう。

ポイント3：会社予想に対する進捗率が順調か

第1〜3四半期決算の場合、3番目に見るのが「会社予想に対する進捗率」。**進捗率が今期予想を達成できるペースになっているか**を確認しましょう。

次のように掛け算し、売上や利益の進捗率が100％を超えていれば順調と言えます。

〈今四半期の業績から予想される通期売上［利益］〉÷〈会社予想〉＝〈進捗率〉

決算書の売上・利益は、前四半期までの数字を累積したものです。そのため〈今四半期の業績から予想される通期売上［利益］〉は、各四半期の数字を次のように掛け算して求めます。

第1四半期：売上［利益］×4倍
第2四半期：売上［利益］×2倍
第3四半期：売上［利益］×1.33倍

任天堂はどうだったのか、計算式に当てはめてみてみましょう。

・任天堂の売上進捗率

1.404,463 × 1.33 = 1,867,935　←今四半期の業績から予想される通期売上

1,867,935 ÷ 1,600,000 = 1.167

売上進捗率は、116.7％

・任天堂の利益進捗率

528,230 × 1.33 = 702,545　←今四半期の業績から予想される通期利益

702,545 ÷ 550,000 = 1.277

利益進捗率は、127.7％

どちらも１００％を大きく超えており、好調のようですね。

進捗率を考えるときの注意点

進捗率については、いくつか注意点があります。

一つは、**ビジネスモデルによって四半期ごとに業績のバラつきが出る**ということ。例えば、任天堂のようなゲームメーカーや子ども向けの玩具メーカーはクリスマス商戦で大きく売上を伸ばします。ポイント1、2が適切な数字であれば、売上が伸びる時期以前の四半期で多少進捗率が悪くても見逃していいでしょう。こうした過去の特性は、決算書を遡ることで確認できます。

もう一つは、業界に特需があったり企業に不祥事が起きたりした場合について。一過性の要因で業績が大きく変わったときは、その時期の業績を計算に入れても意味がありません。こうしたときは、〈今四半期の業績から予想される通期売上［利益］〉を通常時の四半期の売上・利益×4倍に置き換えて考えます。

第1四半期：売上［利益］×4倍
第2四半期：（売上［利益］－第1四半期の売上［利益］）×4倍
第3四半期：（売上［利益］－第2四半期の売上［利益］）×4倍

以上の3つが、決算書1ページ目のポイントです。簡単ですよね！

1ページ目の内容について判断に迷うときは、2ページ目以降の企業による報告を参考にするといいでしょう。

今回の任天堂でも、どういったゲームタイトルを発売したのか、売れ行きはどうであったのかなど、業績が好調であった理由が具体的に述べられています。

3 いろんな企業の決算書を見てみよう

会計基準とは

任天堂の決算書にあった経常利益について、企業によっては税引前利益のような別の指標が用いられていることがあります。これは、会計の算出方法（「**会計基準**」）の違いによります。

会計基準は、国や地域によってさまざまです。

日本には「**日本会計基準**」という独自の基準があり、任天堂の決算書も日本会計基準に基づいて作成されています。ただ、日本会計基準は国際的には力がなく、アメリカのように日本会計基準を認めていない国もあります。

そのため、日本でも「**米国会計基準**」（主にアメリカで使われる会計基準）、「**IFRS**」（EUをはじめ、世界100カ国以上で使われている国際会計基準）など、海外の会計基準をもとに決算書をつくっている企業があります。

どの会計基準を採用しているかは、決算書のタイトルの部分を見るとわかります。だいたい、「○年○月期　第○四半期決算短信〔米国基準〕」といった形で記載されています。

とはいえ投資にあたっては、会計基準の違いについて詳しい知識は必要ありません。分析に必要となる項目の名称が違う、くらいに考えておいていただければ大丈夫です。

具体的にどの項目の名称が違うのか、決算書をいくつか読んで確認していきましょう。

例 ソニーの決算書（米国基準）

Nintendo Switchのライバル、PS5を発売している**ソニー〈6758〉**の決算書を見てみましょう（図3-3）。ソニーは米国会計基準を採用しています。

決算で見る売上と利益について、米国会計基準では売上を「売上高及び営業収入」から、

図3-3 ソニーの決算書（米国基準）

2021年3月期第3四半期決算短信〔米国基準〕(連結)

1．2021年3月期第3四半期の連結業績(2020年４月１日～2020年12月31日)

（百万円未満四捨五入）
（１）連結経営成績(累計)　（%は、対前年同四半期増減率）

	売上高及び営業収入		税引前利益	
2021年3月期第3四半期	百万円 6,778,941	% 4.1	百万円 1,096,894	% 36.5
2020年3月期第3四半期	6,511,145	△0.4	803,433	△10.6

前四半期は
PS5の初期投資による
減益予想だったが、
別事業の好調により回復

3．2021年3月期の連結業績予想(2020年4月1日～2021年3月31日)

（%は、対前期増減率）

	売上高及び営業収入		税引前当期純利益	
通　　　期	百万円 8,800,000	% 6.5	百万円 1,120,000	% 40.1

(注) 直近に公表されている業績予想からの修正の有無 ： 有

※2020年～2021年の決算短信のデータを抜粋

利益は「税引前四半期純利益」（以下、「税引前利益」）から確認します。細かく言うと計上されている中身が違うのですが、今回は業績の伸びを確認するだけなのでそのまま置き換えて構いません。

この四半期、売上は4・1％と大差ないものの、利益は36・5％増と大きく改善しています。今期予想も増収増益。修正はありますが、第2四半期の決算書を見ると上方修正であることがわかります。問題はなさそうですね。

ちなみに前四半期の会社予想（2020年10月公開）では、経常利益が4・3％減と予想されていました。同年にPS5の販売が予定されていたのに、なぜだと思いますか？

これは、大型商品は発売直後に利益が出ないものだからです。大型商品は発売初期、広告を打ってどんどん販売台数を増やさなければいけません。

PS5を購入した人は当然ゲームソフトも購入します。広告費で多少赤字になったとしても、数年単位で見れば十分もとを取れる計算でビジネスをしているわけです。

では、数年単位で回収する予定だったとすれば、なぜ今四半期で増益を達成できたのか？

その答えは、ソニーのビジネスモデルにあります。ソニーはゲームだけでなく、半導体、音響製品、映画・音楽、エレクトロニクス、金融など複数の事業を手がける多角化タイプの企業です。

今回の場合は、イメージング事業など半導体部門の好調などによって、PS5初期投資の穴を埋めることができたようです。

こうしたことは決算説明資料に書かれているので、興味があれば読んでみましょう。

例 ファーストリテイリングの決算書（IFRS）

次に、ユニクロやGUを展開する**ファーストリテイリング〈9983〉**（図3－4）。会計基準はIFRSです。

IFRSでは、売上を「売上収益」、利益を「税引前四半期利益」（以下「税引前利益」）から読み取っていきます。

今回見るのは、2021年8月期の第1四半期決算（2021年1月公開）。

売上は0.6％減とやや減っていますが、コロナ禍が逆風となっているアパレル業界の中

図3-4　ファーストリテイリングの決算書

2021年８月期　第１四半期決算短信〔ＩＦＲＳ〕(連結)

1.2021年８月期第１四半期の連結業績

（百万円未満切り捨て）

(１)連結経営成績　　　　　（%は、対前年同四半期増減率）

	売上収益		税引前利益	
2021年８月期第１四半期	百万円 619,797	% △0.6	百万円 107,164	% 5.0
2020年８月期第１四半期	623,484	△3.3	102,015	△8.2

前期（2020年8月期）は
前々期から
売上△12.3１
利益△39.4だったので、
成長というより回復途上

3.2021年８月期の連結業績予想

（%は、対前期増減率）

	売上収益		税引前利益		1株当たり当期純利益
通　　期	百万円 2,200,000	% 9.5	百万円 245,000	% 60.3	1,616円 05銭

(注) 直近に公表されている業績予想からの修正の有無 ： 無

※2020年～2021年の決算短信のデータを抜粋

では相対優位であり、許容範囲でしょう。利益も増えています。

会社予想は変更なしで、売上は9・5％増、利益は60・3％増と強気の数字です。

これは、急激な売上成長を見込んでいるわけではありません。

コロナの影響を相当に受けた前期（２０２０年8月期）の実績を見ると、税引前利益がその前の期の39・4％減になっています。ですからこの増加率は、業績マイナスがプラスへと転じる回復の振れ幅を含めた数字として捉えておくのが適切かもしれません。

こうしたことは、今期だけではなく、過去の決算も見ないとわかりません。今四半期のファーストリテイリングのように増え方があまりにも大きい場合は、前期の状況がどうだったのかを確認しましょう。確信を持ちたいときは、5年くらいは遡って読むことをおすすめしています。

例　ニトリの決算書（日本基準）

次に見るのは、34期連続で増収増益を続けてきた**ニトリ〈9843〉**です（図3－5）。

図3-5　ニトリの決算書

2021年2月期 第3四半期決算短信〔日本基準〕

1．2021年2月期第3四半期の連結業績

（百万円未満切り捨て）

（1）連結経営成績(累計)　　（%は、対前年同四半期増減率）

	売上高		経常利益	
2021年2月期 第3四半期	百万円 540,146	% 12.2	百万円 119,684	% 39.1
2020年2月期 第3四半期	481,498	7.3	86,043	8.0

コロナ禍のためか、業績に対し弱気な印象

3．2021年2月期の連結業績予想

（%は、対前期増減率）

	売上高		経常利益		1株当たり 当期純利益
通　　期	百万円 702,600	% 9.4	百万円 134,100	% 22.4	756円 05銭

(注) 直近に公表されている業績予想からの修正の有無：無

※2021年の決算短信のデータを抜粋

会計は日本基準なので、任天堂と同じように見ていけばＯＫです。

ニトリでは、売上高が12・２％増、経常利益が39・１％増と大幅に伸びています。コロナ禍でリモートワークが広がり、机や椅子をはじめ家具を買う人が増えたことが理由として考えられます。

いずれもまずまずな数字ではありますが、業績に対し会社予想は弱気な印象です。

ここで見ているのは第３四半期決算で、経常利益はおよそ１２００億円あります。それなのに、通期の会社予想では経常利益１３４１億円。ここまで39％の増益で来ていて、通期では22・４％増という予想は保守的すぎるかもしれません。ただこれは、今がコロナ禍という特殊な状況にあるからでしょう。

好調なニトリですが、一つ懸念点があります。

それは、ニトリの扱っている商品が**耐久消費財**であること。

椅子や机といった家具は、１回買ったら10年、20年使いますよね。毎日必要になる生鮮食料品、毎年買い換えるユニクロの洋服とは違い、次に買ってもらうまでに時間がかかります。

２０２０年は一気に需要が伸びましたが、そのぶん今後しばらくは買い替えがなく伸び悩むのではないかと考えられます。

もっともニトリは、アパレル業界に新規参入したり、家具大手の島忠をＴＯＢで子会社化したりと、さらなる成長維持の布石も打っています。心配不要かもしれません。

倒産寸前の決算書はどうなる？

最後に、危機的状況にある企業の決算書がどんなものかを見ていきましょう。

銘柄は、とある企業をモデルにした小売のA社。今期の売上は50％減、経常利益も40億円の赤字で、営業すればするほど赤字になってしまう状況です。

なぜこのような状態でも倒産せずにいられるかというと、A社のビジネスが店舗営業による現金商売だから。日々お客さまからの現金収入があり、そのお金を返済に回し借金を返しているうちは倒産しないというわけです。まさに自転車操業ですね。

図3-6　小売りA社の決算書

○年○月期 第○四半期決算短信〔日本基準〕

1．○年○月期の連結業績

（１）連結経営成績(累計)　　　　（％は、対前年同四半期増減率）

	売上高		経常利益	
○年○月期 第○四半期	百万円 30,000	％ △50.0	百万円 △4000	％ −
×年×月期 第×四半期	60,000	5	200	△90.0

営業するほど赤字になってしまう状況

3．○年○月期の連結業績予想

（％は、対前期増減率）

	売上高		経常利益		1株当たり当期純利益
通　期	百万円 20000	％ △20	百万円 200	％ −	△100円 05銭

(注) 直近に公表されている業績予想からの修正の有無 ：無

第4章

「理論株価」で未来の企業価値を測る

1 業績から理論株価を計算しよう

ここまで、四季報や月次情報、決算書で過去の業績を確認することができました。

しかし投資判断にあたっては、将来の株価を予想しなくてはいけません。そこで役立つのが**理論株価**です。

理論株価が目安になる

理論株価は、利益や資本効率といった**企業価値をもとにした「本来あるべき株価」**です。**短期的には需給に影響される株価も、長期的には適性水準である理論株価へと収斂《しゅうれん》します。**

本書では、成長株が10倍になるまで持ち続けることをおすすめしています。しかし2倍、

5倍、10倍と上昇し続ける成長株を、なんの目安もなく長期的に持ち続けることは難しいもの。ある程度株価が上昇すると、「このあたりで利確をしよう」という誘惑にかられます。

そこで理論株価があると、成長株の保有判断を行う目安になります。

理論株価によって企業価値がわかっていれば、「まだ伸びそうだから保有を続けよう」といった長期目線の判断もできるようになるはずです。また、業績が振るわないときは理論株価も下落します。利確や損切りの決断をバックアップしてくれるでしょう。

成長株をテンバガーまで長期保有するうえで、理論株価がその道しるべになってくれるのです。ぜひ、理論株価を上手に活用してください。

はっしゃん式理論株価

さて、さまざまなメディアや証券会社が理論株価を出していますが、これからご紹介するのは**「はっしゃん式理論株価」**（以下、「理論株価」）。企業の収益性や効率性にウェイトを置いて算出した、はっしゃん独自の理論株価です。

この理論株価は、**資産への評価を示す「資産価値」**に、**業績への評価を示す「事業価値」**を加える計算式で求めます。

資産価値＝BPS×割引率
事業価値＝EPS×ROA×150×財務レバレッジ補正
理論株価＝（資産価値＋事業価値）×リスク評価率

複雑なので細かい説明は割愛しますが、この式はEPS、BPS、ROAといった投資指標と時価総額との相関度を全銘柄で統計分析・検証して導き出したものです。

統計を根拠とした理論株価は、根拠のない期待による人気過剰や、需給の歪みによる不当評価を含まない妥当な株価です。そのため、より**真の企業価値**に近い株価であると言えます。

「計算が大変そう」と思われたかもしれませんが、ご安心ください。理論株価を簡単に調べる便利ツールを後ほどご紹介します。

図4-1　理論株価の計算式について

※割引率は自己資本比率に応じて下記の通り変動

自己資本比率	割引率
80%以上	80%
67%以上	75%
50%以上	70%
33%以上	65%
10%以上	60%
10%未満	50%

※ROA30%以上の場合は30%として計算

※財務レバレッジ補正は自己資本比率に応じ下記の式で変動
財務レバレッジ補正＝1÷[0.66<=(自己資本比率+0.33)<=1]

※リスク評価率はPBRに応じ下記の通り変動

PBR	割引率
0.5倍以上	100%
0.41〜0.49倍	80%
0.34〜0.40倍	66%
0.25〜0.33倍	50%
0.21〜0.25倍	33%
0.04〜0.20倍	5〜25% ((PBR ÷5 ×50) + 50)
0.00〜0.03倍	0.5〜2.5%((PBR – 1) ×10 + 5)

株価と理論株価の関係

図4－2は、ニトリの株価と理論株価の推移を示したものです。5年ぶんの理論株価は、四半期ごとに「理論株価電卓」（後述）で算出しました。

これを見ると、ニトリの場合は理論株価と実際の株価が見事に連動しているのがよくわかります。市場から妥当な評価を受け続けている銘柄だと言えるでしょう。

この図には、「理論上限株価」と「資産価値」の推移も載せています。

理論株価は基本的に資産価値と事業価値を合算したものですが、ここで事業価値を2倍

図4-2　ニトリの株価と理論株価の推移

にしたものが**理論上限株価**になります。人気の銘柄では、このラインをはるかに突き抜けて上昇していることも少なくありません。

しかし理論上限株価を超えていると、上がりすぎていることも少なくありません。理論上限株価を上回ったあとに下がり始めたら、売りのタイミングである可能性があります。

また、理論株価の算出で用いた**資産価値**は解散価値となるＢＰＳ（詳しくは後述）に基づいており、成長倒れになったとき、株価は資産価値のラインまで下がるリスクがあります。もし株価が資産価値を下回った場合は評価が低すぎるため、倒産リスクに注意が必要です。

図４－３は、第2章でもご紹介したペッパーフードの推移です。月次情報で見たように、２０１６年暮れ以降は右肩上がりの急成長期。先行期待もあり、株価は理論上限株価を超えて上昇しています。しかし、業績が赤字になると事業価値がゼロになり、理論株価は急落します。実際の株価も徐々に理論株価に収斂し、ほぼ資産価値のラインまで下がってきました。

理論株価のポイントは、**「連動性」、つまり実際の株価と理論株価が連動して右肩上がりで**

上昇しているかどうかです。株価のみが異様に伸びているときは、業績の裏付けがない、下落リスクのある銘柄かもしれません。ペッパーフードのように、成長倒れを起こす可能性があります。

このように、理論株価と実際の株価の動きを比較すると投資判断の目安になります。

図4-3　ペッパーフードの株価と理論株価の推移

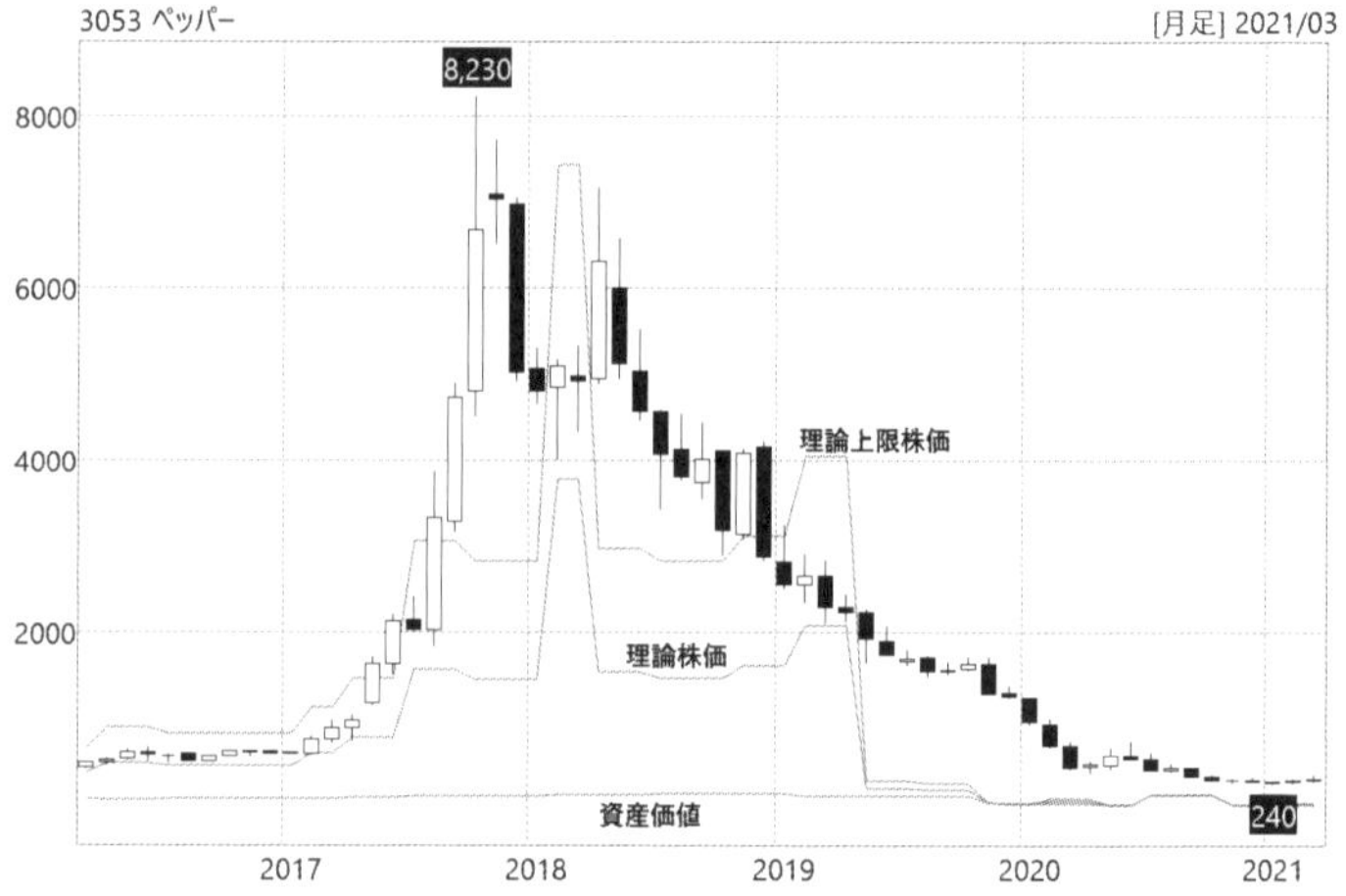

2 理論株価でわかること

理論株価をもとにどんな分析ができるか、もう少し具体例を挙げてご説明しましょう。

例 エムスリーの理論株価

エムスリー〈2413〉は、医師や製薬会社の方ならよく知る企業かもしれません。医療関係者向けのサイトを運営していて、さまざまな医療情報のほか、MR（製薬会社の営業マン）が行っていた病院などへの訪問営業をウェブで完結できるサービスも提供しています。日本だけでなく世界中でエムスリーのサービスを利用する医療施設が増えており、業績も増収増益が続いています。ちなみに、エムスリーはソニーの子会社です。

株価を見てみると、理論上限株価をはるかに超えていますが、理論株価自体もすこしずつ伸びています（図４－４）。

このような銘柄が今後どうなるかというと、だいたい次の３パターンのいずれかになります。

①理論株価が急上昇して株価に追いつく

②理論株価が追いつくまで、株価が調整を続ける（調整＝株価が短期的に上下しながら横ばいに推移すること）

③株価が急落して理論株価付近に戻る

③の急落には注意しなくてはいけませんが、①②を期待して保有する判断もアリでしょう。

図4-4 エムスリーの株価と理論株価の推移

例　ワークマンの理論株価

②「理論株価が追いつくまで、株価が調整を続ける」を目指すように推移しているのが**ワークマン〈7564〉**です（図4－5）。

新業態のワークマンプラスが人気化した2019年ころから、期待が先行して株価が大きく上昇しています。理論株価も継続して上昇を続けていますが、株価が上がりすぎていたため、現在は理論株価の上昇を待つように収斂していく動きになっているのがわかります。

図4-5　ワークマンの株価と理論株価の推移

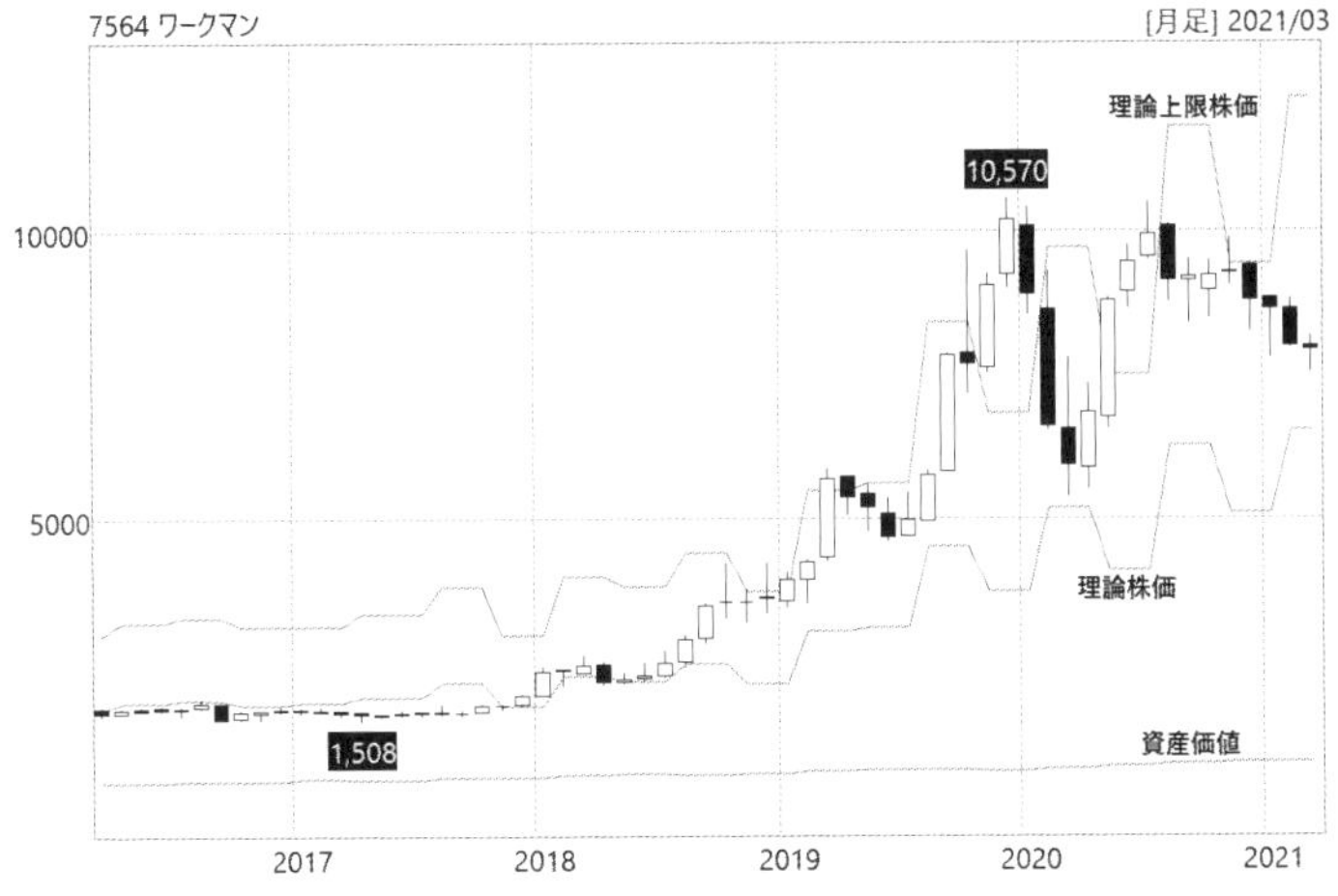

例 任天堂の理論株価

任天堂は、コロナ禍での巣ごもり需要を反映して業績が急激に伸びた企業です。2020年8月に発表された第1四半期決算では、前年比売上が約2倍。経常利益にいたっては約7倍という結果を残し、合わせて理論株価も急上昇しています。

とは言うものの、実際の株価は理論株価に比べて上がりきれていない状況です。

業績が急激に拡大したとしても、市場がその状況に継続性がないと判断した場合は、株価が理論株価に追いつかないことがあります。そして実際に業績の拡大が一時的なものであ

図4-6　任天堂の株価と理論株価の推移

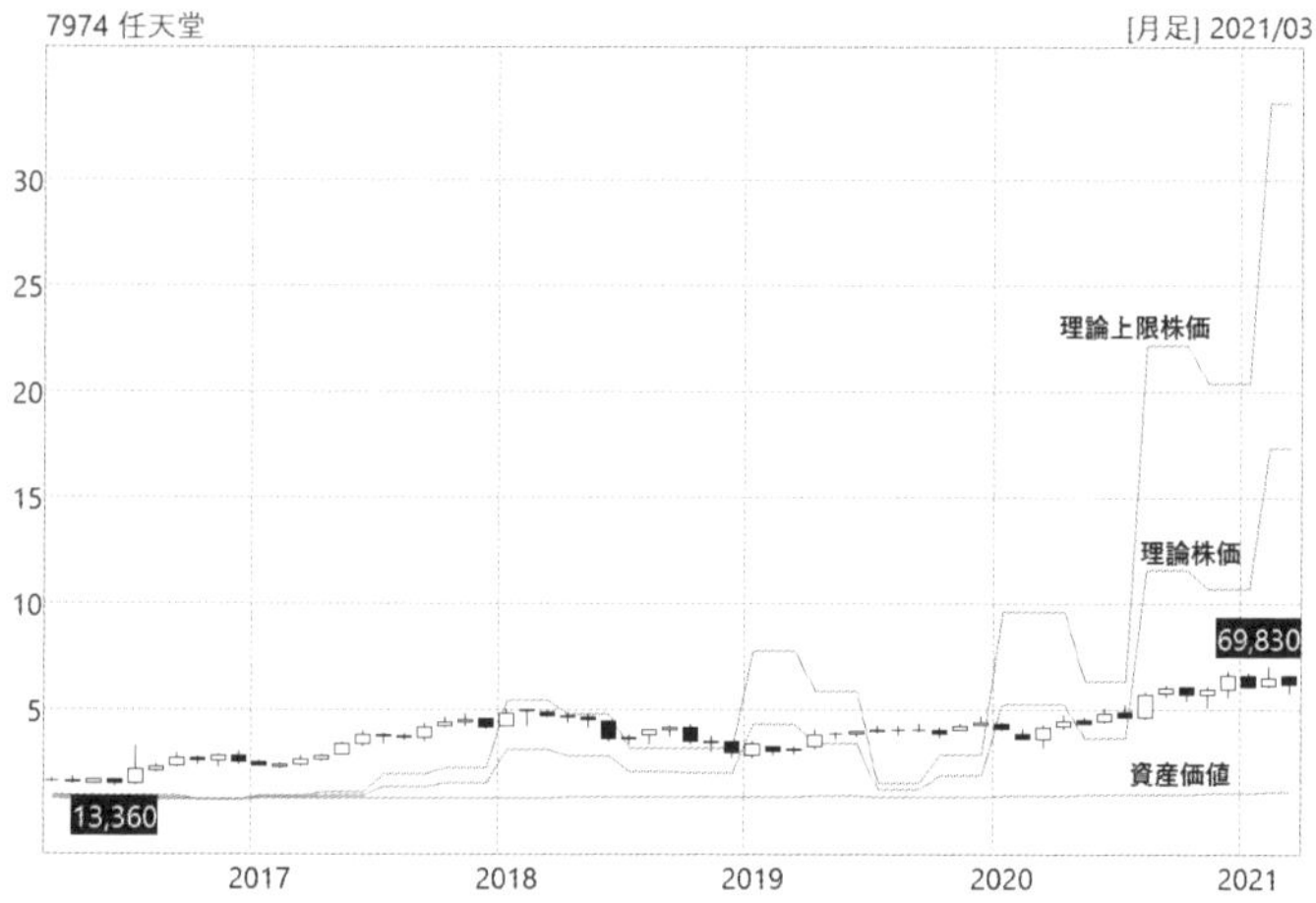

れば、理論株価も業績に合わせて下がっていきます。逆に業績が順調に伸びた場合は、株価は理論株価まで上昇していくはずです。

理論株価と実際の株価に乖離《かいり》があるときは、理論株価の根拠となる業績を詳しく確認し、一時的な成長かどうかを判断しましょう。

はっしゃん式理論株価の妥当性

そもそも、理論株価が当てになるのか疑問を持つ方もいるかもしれませんね。理論株価とはその名前の通り、一定の理論とそこから導き出された数式によって算出される、とてもロジカルな株価です。

結論からお話しすると、理論株価と実際の株価の間には強い相関関係があります。これは、**回帰分析**によって証明されています。

回帰分析とは、2つの事柄にどれだけの相関性があるかを示す統計学の分析手法のこと。

例えば、身長と体重。身長が170センチくらいの男性なら、体重は70キロくらいと予想できますよね。この予想の数値が実際にどれだけ当てはまるかを示してくれるのが回帰分析です。

相関の強さは1・0（完全に相関性がある）から0・0（完全に相関性がない）までの数値で表され、1・0に近いほど、2つの間には関係があるということになります。

では、はっしゃん式理論株価と実際の株価はどの程度の相関度なのか？

①2019年4月12日（コロナショック以前）と②2020年3月18日（コロナショック株価急落の局面）③2021年3月25日（コロナショック後に日経平均が1万円以上値上がりしたあと）について、全銘柄を対象に理論時価総額に対する時価総額の相関分析をしてみた結果、①では相関係数が0・93、②では0・92③では0・82と、非常に強い相関関係があることがわかりました。

完全ではないものの、**実際の株価にかなり近い数値が算出されている**ということです。

なお、銘柄の性質によって相関度は異なります。具体的には大型株ほど理論株価と株価の相関は強くなり、小型株ほど相関は小さくなっていきます。小型株ほど業績ではなく、先行期待で株価が形成されているためではないかと思います。

そのため小型株では株価と理論株価が乖離しやすくはなりますが、長期的に理論株価へと収斂することに変わりはありません。テンバガーを目指すのであれば、大型株か小型株かに関わらず、理論株価は有効な指標になります。

3 理論株価の便利ツール

理論株価の便利ツール①理論株価電卓

いよいよ、実際に理論株価を計算していきます。

理論株価を投資判断に使うときの便利ツールとしては、まず**理論株価電卓**があります。簡単に理論株価を計算できるツールで、必要なのは次の5つのデータだけ。

① 証券コード
② 1株純資産（BPS）

③ 自己資本比率
④ 1株利益（EPS）
⑤ 株価

①〜⑤の項目は、四季報や決算書、証券会社のサイトやネットの株価情報などで調べることができます。

ただ、決算書からEPSを引用するとき、本決算と四半期決算でやり方が異なります。

EPSの調べ方

本決算の場合、会社予想のEPSをそのまま記入します。1ページ目の下のほうにある「1株当たり当期純利益」の数字をそのまま

図4-7　理論株価電卓の計算画面

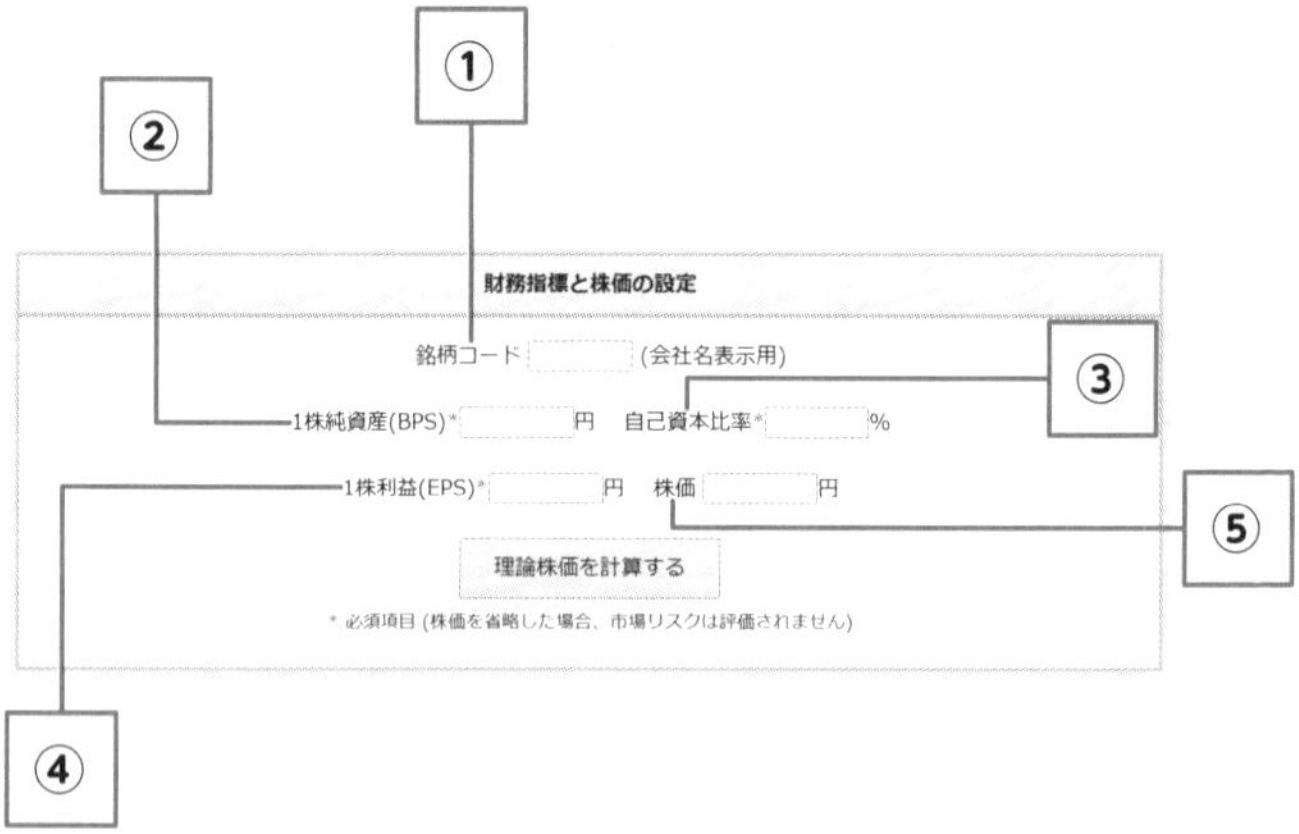

使えばＯＫです。

一方の四半期決算では、本決算と同じように会社予想のＥＰＳを記入する方法以外にも、四半期のＥＰＳを通期換算する方法があります。通期換算が必要なのは、四半期の進捗状況に合わせて株価が動くと予想した場合です。

ＥＰＳを通期換算するときは、「１株当たり四半期純利益」の実績を通期に換算する必要があります。第１四半期であればこの数字を４倍、第２四半期であれば２倍、第３四半期であれば1・33倍。このあたりの換算は、第３章71ページでご紹介した利益の進捗率と同じ考え方です。

ＥＰＳを通期換算するのは実績重視の方法と言えますが、季節ごとに売上のバラつきがあるような企業では会社予想のＥＰＳを使うほうが適切なこともあります。過去の決算書から、四半期ごとの業績推移を確認するといいでしょう。

慣れてきたら、過去の業績推移以外にも目を向けることをおすすめします。月次情報の経過や最新の市況情報、同業他社の動向などを参考に、独自にＥＰＳを予想してみてください。四季報予想やアナリスト予想もそうして計算されていますし、私の場合も、思い入れのある

図4-8　理論株価電卓の結果画面

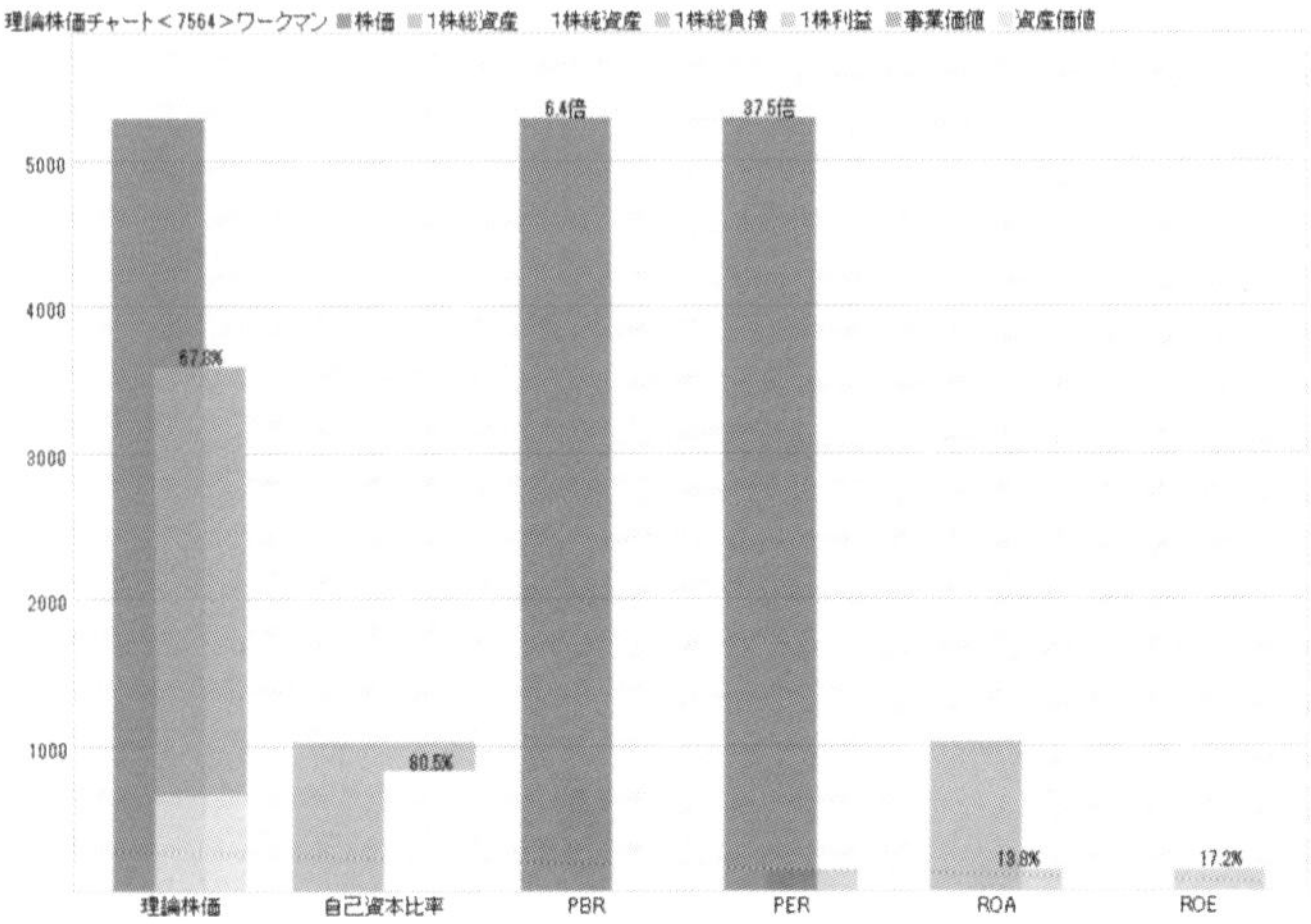

理論株価電卓

http://kabuka.biz/funda/riron/

銘柄は独自予想したＥＰＳで理論株価を計算しています。

理論株価の便利ツール②理論株価Ｗｅｂ

もう一つの便利ツールが**理論株価Ｗｅｂ**です。

これは私が監修しているサイトで、約４０００社について理論株価を含む分析情報を載せています。

使い方としては、一番上の検索窓で調べたい証券コードを入力するだけ。掲載コンテンツのデータは日々アップデートしているため、最新の情報を確認可能です。

ただし、それぞれの銘柄について現時点の理論株価しか載せていません。過去や未来の理論株価を調べるときは、理論株価電卓で計算してください。

また、理論株価Ｗｅｂでは会社予想のＥＰＳをもとに計算をしています。そのため業績をもとに四季報予想や自分で計

理論株価web

http://kabuka.biz/riron/

算したＥＰＳで算出したい場合も、理論株価電卓を使っていただくといいでしょう。

理論株価の便利ツール③成長株Ｗａｔｃｈ

図４－２～図４－６のような理論株価と株価の推移グラフは、運営ブログ「成長株Ｗａｔｃｈ」で公開しています。

ただし掲載しているのは、私が四季報で付箋を貼った銘柄のみ。ほかの銘柄を調べたいときは、ネットで数年ぶんの株価チャートを検索して紙に印刷し、過去の決算から理論株価電卓で計算した株価を書きこんで線でつないでみてください。同じような図をつくることができます。

はっしゃん式成長株Watch

http://hashang.kabuka.biz/growth/

4
5年後の企業価値を予測しよう

5年後の理論株価を調べよう

実際に理論株価を計算してみると、株価が理論株価のはるか上を行っている銘柄もいくつかあることに気が付くと思います。

果たしてこれがバブルなのか、あるいは将来の成長が見込まれて買われているということなのか。

業績の裏付けがないまま株価だけ急上昇するのは、ただのバブルです。しかし**成長株は、数年後の株価を先取りして投資されることが多い**ものです。このような銘柄について考えるときには、数年後の株価を予想しておく必要がありますよね。

そこで役に立つのが、将来の理論株価を試算する「5年後理論株価計算ツール」です。

5年後理論株価計算ツール

入力する項目は、「1株純資産（BPS）」「自己資本比率」「1株利益（EPS）」「株価」。これらの入力方法は、先に紹介した「理論株価電卓」の項目を参照してみてください。一点大きく違うのは、**「利益成長率」**を入力すること。

利益成長率の考え方はいくつかありますが、一つには**決算の数字から仮定する**方法があります。

経常利益（あるいは税引前利益）について、会社予想の成長率が20％だとしたら、今期から来期以降、向こう5期に渡って20％の成長が続くと仮定します。

会社予想の数字をそのまま使うべきか迷ったときは、過去の実績を遡ります。20％の成長率が続いているようなら、そのまま20％成長と予想できます。だんだん成長が加速していることがわかったら、25％、30％と強気の成長を予想するのもアリでしょう。

5年後理論株価計算ツール

http://kabuka.biz/funda/calc/

図4-9　5年後理論株価計算ツールの計算画面

例 すららネットの5年後株価

では、実際に数字を入れてみましょう。デジタル学習教材を扱う**すららネット〈3998〉**を例に取ります。

2021年2月に発表された本決算によると、自己資本比率は72・1%、BPSは198・18円、会社予想のEPSは37・69円。2021年3月現在の株価は3740円です。会社予想における来期の利益は34・3%減。ただ、今期実績の経常利益は734・6%増と大きいので、急成長から戻る振れ幅であると思われます。利益成長率をどう置くか判断に迷うところですが、ここでは仮に20%と置いて計算してみましょう。

計算結果は図4－10の通り。一番左が実際の株価で、一番右が5年後の理論株価（上部の数値が理論上限株価、真ん中の数値が理論株価）です。同年2月には株価が5080円と5年後の理論上限株価まで上がっていたのですが、やはり落ちてきたようです。

3740円という株価も現在の理論上限株価を大きく超えてはいますが、すららネットのようなIT企業は3年後、5年後の成長を見込まれて買われることも少なくありません。本当に年次20％で成長するのであれば、割高すぎるわけでもないということがわかります。

成長シナリオからの予測

会社予想や実績から成長率を考える方法をお伝えしましたが、もう少し長期的な視点で、企業の**成長シナリオ**をつくるのもおすすめです。

5年後までに世の中がどのように変化して、注目企業がどのように変化するのか。

これから需要が伸びそうな分野は、成長が加速していく可能性もあります。「今後ＩＴ分野はもっと伸びる」と予測するならば、すららネットの利益成長率も25％、35％とより

図4-10　すららネットの5年後株価

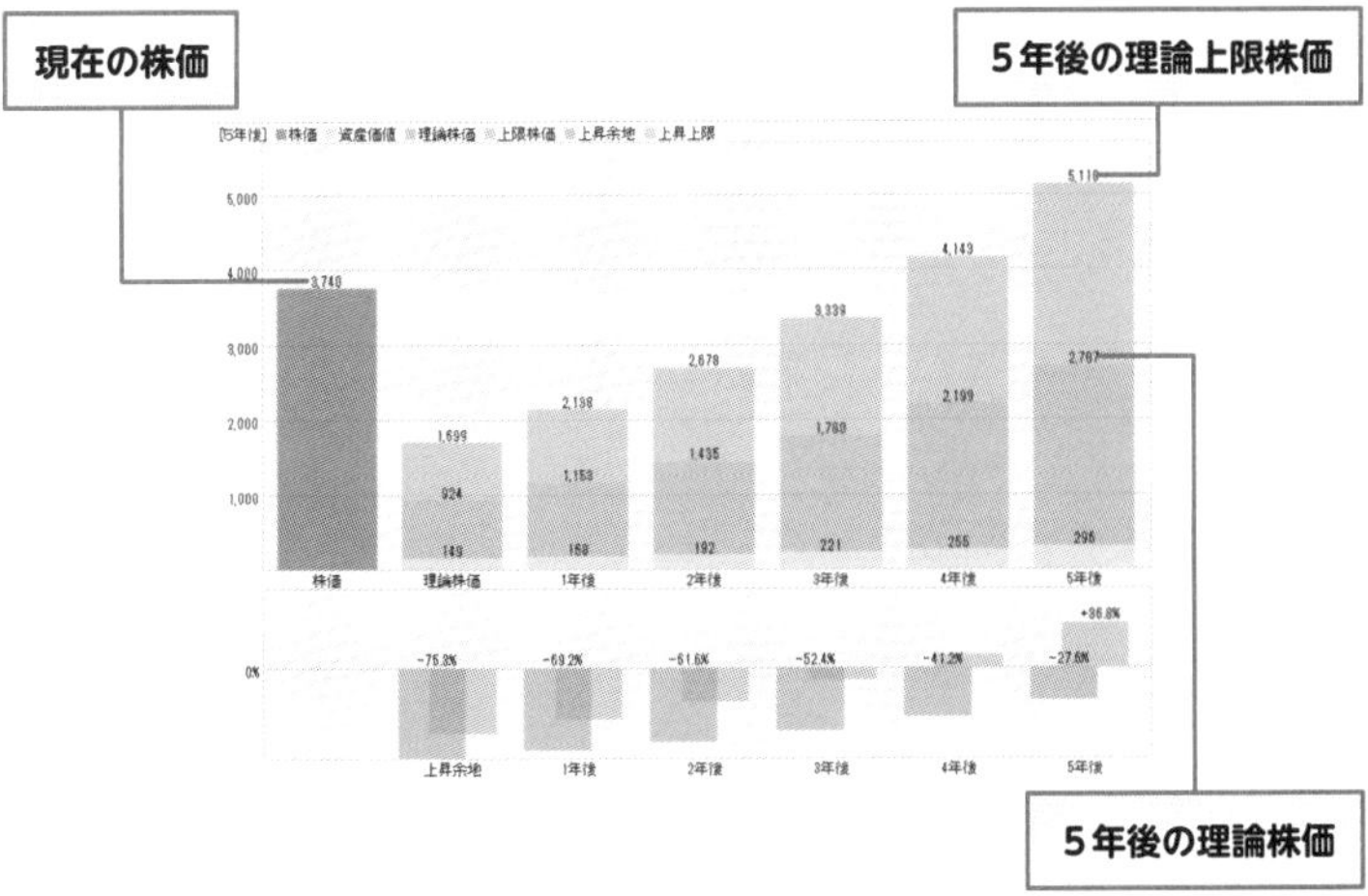

大きな数字を入れて考えてもいいわけです。

成長シナリオの詳しい考え方は、第5章でもご紹介しています。参考にしてください。

5 「PER」とは

理論株価の有用性については、理解していただけたでしょうか。

ここで、投資家の多くが使っているPERという指標についても説明しておきましょう。

理論株価も便利ですが、一般的な指標を知っておくことで、市場コンセンサスがどう形成されるかを理解しやすくなります。

またPERを説明する中で、理論株価電卓に用いているEPSやBPSについても触れていきます。少しややこしい話になりますが、頑張って読んでみてください。

PERとは

PERの算出方法は2つありますが、まず一つ目をご紹介します。

PER（倍）＝株価÷EPS

EPSは決算書で「1株当たり純利益」と表記され、株主が1株で得られる利益を指します。よって株価をEPSで割ったPERは、**得られる利益の何倍で株を買えるか**を示します。またEPSは1年当たりの利益なので、**投資コストを何年で回収できるか**という判断基準にもなります。

一般的に、PERは高ければ「割高」で、低ければ「割安」ということになります。**日本においてPERの平均値は15倍**なので、15倍より高いかどうかが一つの目安になります。

ではここで、任天堂のPERを見てみましょう。

2021年3月現在、任天堂の株価は58830円、EPSは2179円。ここから算出されたPERは27倍で、平均値からするとかなり割高であるとわかります。

なぜ割高になっているのかというと、「PER＝株価÷EPS」の分子である株価が高くなっているからです。

では、なぜ株価は高くなるのでしょうか？

その理由についても、PERを深掘りするとわかっていきます。

EPSの期待値と許容される株価

先ほどのPERの式を応用すると、市場で許容される株価は次のように計算できます。

許容される株価＝現在のPER×期待されるEPS

例えば現在、株価が1500円、EPSが100円、PERが15倍の企業X社があったとします。X社の業績が好調で、将来EPSが200円になると見込んだ場合を考えてみましょう。

現在のPERを基準にすると、許容される株価は15倍×200円＝3000円。株価が今後上昇していったとしても、3000円までは買っていいということになります。

投資家は、未来の企業価値を予測して投資判断を行います。そのため**業績の成長が見込まれてEPSの期待値が上がると、株価が高くても投資しようとする人が増え、株価も高くなっていく**のです。これが、利益の成長が株価上昇につながる理由です。

期待されている成長株の多くは、割高な状態で買われていきます。そのため、**成長を続けている成長株を割安で買えることはない**と思ったほうがいいでしょう。もし割安で買えるとしたら、それは上がりすぎた株価が急落する**成長倒れのサイン**かもしれません。

図4-11　任天堂のPER

PERはROEによって変わる

PERについて理解を深めるために、「PBR」と「ROE」についても紹介しましょう。

PBRとは

PBRは次の式で求めます。

PBR（倍）＝株価÷BPS

BPSとは、1株当たり純資産のこと。

純資産は企業が解散された際、株式数に応じて株主に分配されます。900円の株価でPBRが0・9だとしたら、解散したときに1株当たり1000円戻ってくるイメージです。「BPSは解散したときの取り分を表す」と覚えておけばいいでしょう。

PBRはその取り分に対し、どれだけの株価がついているかを示します。これも、株が割**安か割高**かを判断する一つの指標になります。

ＰＢＲの平均は企業規模によって異なり、大企業であれば変動も少なくほぼ1・1倍程度と言われています。一方で小型株の場合、ＰＢＲは5倍くらいが平均的です。

ＲＯＥとは

ＲＯＥとは、「自己資本利益率」のこと。

ＲＯＥ（％）＝純利益÷純資産×１００

自己資本をもとにどれだけの利益をつくることができたかを示す指標で、一般的に高いと優良企業であると見なされます。**ＲＯＥは経営の効率性**だと思ってください。

最初に株価とＥＰＳを使ったＰＥＲの算出方法をご紹介しましたが、ＰＥＲはＲＯＥとＰＢＲによっても決まります。

ＰＥＲ＝ＰＢＲ÷ＲＯＥ

この式のＲＯＥを左辺に持っていくと次のようになります。

すなわちＲＯＥが高いほど高ＰＢＲが許容されるため、株価も上昇しやすくなります。多くの成長企業がＲＯＥを経営の重要指標としているのはこのためです。

ＲＯＥ＝ＰＢＲ÷ＰＥＲ

また、ＰＢＲは株価をＢＰＳで割ったもの、ＰＥＲは株価をＥＰＳで割ったものですから、

ＲＯＥ＝（株価÷ＢＰＳ）÷（株価÷ＥＰＳ）
→ＲＯＥ＝ＥＰＳ（一株純利益）÷ＢＰＳ（一株純資産）
ＲＯＥ＝純利益÷純資産

となります。

図4-12　PER・PBR・ROEの関係

$$\text{PBR} = \text{ROE} \times \text{PER}$$

$$\frac{\text{株価}}{\text{一株純資産}} = \frac{\text{一株当たり純利益}}{\text{一株純資産}} \times \frac{\text{株価}}{\text{一株当たり純利益}}$$

ROEを上昇させるためには、純利益（分子）を増やす方法と、純資産（分母）を減らす方法の2つがあります。成長企業が純利益を増やすのは当然として、純資産を減らし、経営効率を高める施策としては、

- **外向きの施策：新規投資、M&A**
- **内向きの施策：自社株買い、配当還元**

などがあります。

これらの施策が、一般にROE経営と言われているものです。

アメリカでは、高ROE＝高株価に誘導を意図した自社株買いや配当還元により、極端に純資産を減らして経営しているケースがよくあります。日本でも、ソフトバンクや楽天など一部の成長企業では似た手法が取られています。

コラム

流動性リスクの管理方法

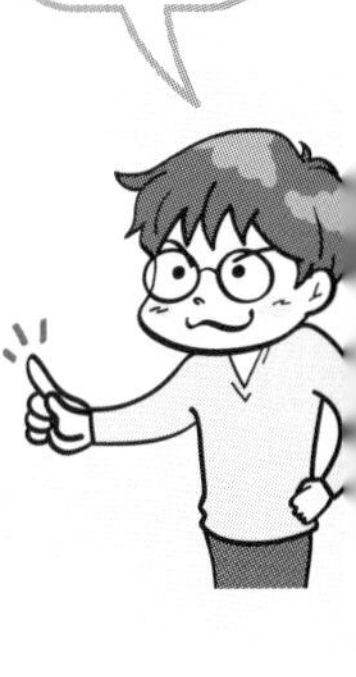

投資でよく聞く「流動性リスク」ってなんですか？　てか、そもそも「流動性」って？

株式投資における流動性は、株が市場にどれだけ出回っているかを表す言葉です。流動性が高い＝株は活発にやり取りされている、ということになります。逆に流動性が低いときは、株を売りたい人や買いたい人が少ないときなので、取引が成立しにくくなっています。

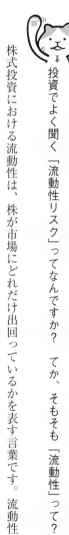

そして流動性リスクは、流動性が低くなってしまったことで、**売りたいのに売れなくなってしまう**リスクのことです。損切りしたいのに売ることができないと、さらに値下がりして、どんどん損をしてしまいます。

恐ろしいリスクだ……！

以前Twitterでアンケートを取ったところ、なんと**3人に2人が流動性リスクで苦労した経験**があることがわかりました（2019年実施、4711人回答）。身近なリスクなので、知識として覚えておきましょう。

■流動性を確認する

まず、流動性を確認しましょう。流動性は銘柄によって異なります。一般的に注目されている大型株や人気株では流動性が高くなり、小型株や不人気株は低くなります。流動性の高さは、出来高（株の売買が成立した数）を見るとわかります。

〈2021年2月の月間出来高〉
・みずほフィナンシャルグループ：約1億7000株（1日平均で約850万株）
・ハウスオブローゼ：約8万株（1日平均で約3500株）
※1日平均は、営業日数＝20日で計算

東証一部でもトップ規模の**みずほフィナンシャルグループ〈8411〉**と、小型株の**ハウスオブローゼ〈7506〉**。比較するとかなりの差がありますね。ハウスオブローゼは一日平均3500株の出来高しかないわけですから、もし1万株保有していたら1日では処分しきれません。投資資産が増えるほど、流動性リスクに直面しやすくなるのです。

■流動性リスクを避ける方法

注意しなければいけないのが、流動性は時期によって変わるということ。決算直後や権利確定、新規上場時などは出来高が急に拡大します。こういった流動性が高い時期の数字を目安に買ってしまうと、流動性リスクで失敗しやすくなってしまいます。

私が考える安全ラインは、**過去3〜4年の月間出来高のうち下位50%の平均**。このラインを目安にして買えば、取引が少ない時期でも安全に決済できるでしょう。

とくに今はコロナ特需で一時的に出来高が膨らんでいる企業もあるので、過去の数字をしっかり追っていくことが大切です。

※流動性リスクについては、理論株価Ｗｅｂ（１０５ページ参照）にも掲載しています。

コラム

銘柄別投資難易度

有名投資家と同じ銘柄を買ったのに損しちゃった……。

初心者のうちは、人と同じ銘柄を買って損をしてしまうことが少なくありません。これは不思議なことではなく、買った銘柄が実は上級者向けであったためです。

短期間に乱高下する銘柄は、売買のタイミングを見極めるのが難しいもの。濡れ手に粟のボロ儲けをすることもある半面、あっという間に大損してしまうこともあり、慣れてないうちに手を出すと痛い目を見てしまいます。

ただ初心者にとっては、検討しているのが上級者向けの銘柄なのかどうか、そもそも区別するのが難しいですよね。

そこで、**投資難易度**を判断する8項目のチェックリストを作りました。購入の前に確認してみてください。

■投資難易度チェックリスト

1．株価が100円未満

誰の目から見ても倒産しそうな危ない銘柄は、株価がどんどん下がっていきます。基準として、100円未満まで下落したら要注意と覚えておきましょう。

2．PBRが0・5倍未満、または2倍以上

PBRが0・5倍未満はお買い得ですが、それだけ不人気ということです。買ったあとにも株価が下がってしまい、損をする恐れがあります。

一方、PBRが2倍以上の場合は買われすぎです。人気株なので、株価が急落するリスクがあります。

3．PERがマイナス、または30倍以上

PERがマイナスというのは、赤字ということです。そのような企業には、当然リスクがあります。

一方、PERが30倍以上の場合、買われすぎ、もしくは人気株なので株価が急落するリスクがあります。

4. 自己資本比率が25%未満

自己資本比率が低い企業はROEが高い場合もありますが、経営が難しいというリスクがあります。25%未満の場合は注意しましょう。

ただし金融業の場合、膨大な預金が負債扱いになっているので自己資本比率の最低ラインは5%未満です。

5. ROAが1%未満、または15%以上

ROAが1%未満（金融業の場合2%未満）の企業は収益効率が低すぎることが少なくありません。資本に見合った利益を出せていない状況です。

その反対にROAが15%以上（金融業の場合30%以上）の場合は、人気化しすぎるため株価下落リスクがあります。

6. 配当利回りが1%未満

配当利回りが1%未満になると、配当のために保有を続ける投資家が少なくなり株価は下がりやすくなります。

7. 純資産が100億円未満

8. 時価総額が200億円未満

投資難易度のチェックリスト

1. □	株価が100円未満	倒産予備軍
2. □	PBRが0.5倍未満か２倍以上	赤字リスク
3. □	PERがマイナスか30倍以上	株価下落リスク
4. □	自己資本比率が25％未満 ※金融業なら５％未満	収益効率が悪い
5. □	ROAが１％未満か15％以上 ※金融業なら２％未満か30％以上	悪化時の株価下落リスク
6. □	配当利回りが１％未満	配当抑止力低下ライン
7. □	純資産が100億円未満	株価操縦リスク
8. □	時価総額が200億円未満	株価操縦リスク

チェックの数

0～1個：A難度（初心者歓迎）
2個：B難度（初級者OK）
3個：C難度（中級者向け）
4個：D難度（上級者推奨）
5個：E難度（達人専業領域）
6～8個：F難度（スゴ腕専用）

市場の割合（著者調べ）

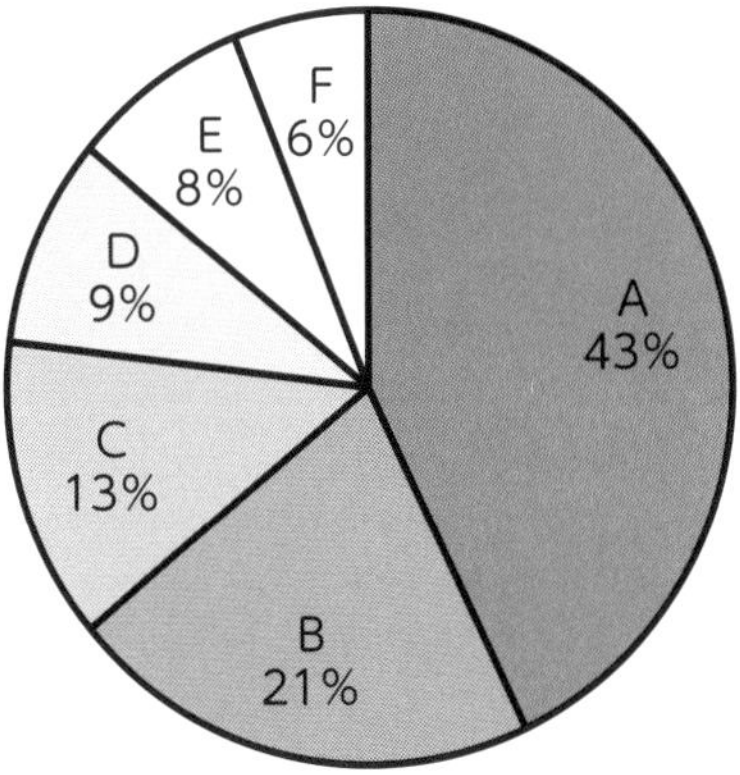

純資産や時価総額（詳しくは後述）が低い企業は相場師などによって株価を操縦されるリスクがあり、信頼が置けません。流動性問題もあり、売買することが難しくなります。それに、倒産ギリギリの企業である場合があります。

以上が8つのチェック項目です。

これらの項目のうちいくつ当てはまるか数え、0～1個ならA難度（初心者歓迎）、2個ならB難度（初級者OK）、3個ならC難度（中級者向け）、4個ならD難度（上級者推奨）、5個ならE難度（達人専業領域）、6個以上ならF難度（スゴ腕専用）と判定できます。

市場の約4割はA、B難度の低リスク銘柄ですが、これらは値動きに乏しく、あまり人気がないようです。投資難度が高いと投機的な値動きをしますが、初心者が近づくべきではありません。

初心者が購入を考えるとき、購入対象はA～C難度がおすすめです。

ただし、決算の業績や会社予想の修正によって各指標の数値が動き、急に難度が高まることもあります。注視しておき、D難度以上に変わったら売りを検討しましょう。

※銘柄別投資難易度については、理論株価Ｗｅｂ（105ページ参照）にも掲載しています。

第5章

テンバガーの選び方と「利大損小サイクル」

1 成長株の買いチャンス

第4章までで、成長株を探し、より成長力の大きい銘柄を見極めるスキルは身についたはずです。

ここからは実際に成長株への集中投資を始めますが、まずは投資先の絞り込み方について、改めて確認してみましょう。

投資先の絞り込み方

投資先を絞り込む基準は、大きく分けて次の4つです。

①業績

過去の業績は、第3章で学んだ決算書1ページ目の分析で確認します。さらに、第4章の理論株価で業績に基づいた妥当な株価を調べ、将来性を測っていきます。

②成長シナリオ

将来性については、「成長シナリオ」（後述）をつくり、3年後2倍に成長しそうなものを選ぶのもおすすめです。将来性について甲乙つけがたい場合は、5年後・10年後に社会から必要とされそうなテーマを考えて選びましょう。

③自分の得意分野かどうか

自分の仕事や趣味など、得意分野につながる事業を行っている企業を選びます。興味の持てる分野のほうが分析や判断を行いやすくなります。

「得意分野がない」と思う方もいるかもしれませんが、得意分野は時間をかけてつくることもできます。集中投資で同じ銘柄にできるだけ長く投資し、時間を使ってスキルを磨くとよいでしょう。

④社長の能力や人柄はどうか

四季報や決算書には記載されていないものの、長期的に大きな影響があるのが人材です。なかでも社長の手腕は企業価値の向上と直結します。どんな経歴をたどっているか、どんな人柄かを確認し、信頼に値するかを判断しましょう。社長本人のブログやSNSも、あれば参考になります。

最も信頼すべきは定量的に判断できる①の業績です。過去の実績を土台にしたうえで、②～④については同じくらいの優先度で考え、将来の成長性を判断しましょう。

売買は決算期に行うのが合理的

次に、いつ成長株を買えばいいのか、売買のタイミングについて見ていきます。

成長株×集中投資法において、投資判断の基準は業績です。

しかし株価は、短期的には業績よりも需給で動きます。アメリカ大統領の発言一つで株価が乱高下している時期に業績ベースの投資をしても、思うような成果は得られません。

そこでおすすめなのが、**売買のタイミングを決算期に絞る**こと。決算期には決算の内容をもとに値動きが起こり、業績と株価が連動しやすくなります。自分の業績予測が成功したかどうか、株価を見てわかるようになるわけです。

この時期の買い方としては、決算発表の直前に買う場合と、直後に買う場合の2通りがあります。

決算の直前に買う場合

決算発表の直前に買っておけば、好業績の場合は株価も上昇して利益になります。

もちろん、業績が芳しくなく損をする可能性もあり、リスクは高くなります。ただその場合も決算内容を見て「予想が外れた」とすぐわかるので、損切りの判断をしやすいはずです。

決算の直後に買う場合

自分の分析に自信がないときは、決算の発表後に買います。あらかじめ予想を立てておき、当たったかどうか、そしてその理由を考えておくことが大切です。

また、決算前に株価が上昇している場合は、好決算でも「出尽くし」で下げる場合もあり、このような場合も決算後がおすすめです。

決算期以外の買いチャンス

原則として、買いチャンスは年4回の決算期。ほかの時期はノイズに振り回されやすくなるので、売買を推奨できません。しかし、例外もあります。

決算に準ずる判断材料が出たとき

一つは、次のようなインパクトのある材料が出てきた場合。

- 上方修正など、決算に準じる情報が発表された
- 月次情報が大きく動いた
- 新規事業や他社との提携など、成長につながる変化があった（実態がないような提携も多いので注意）
- 業界全体に大きな影響を及ぼす材料が出た
- 四季報の業績予想が大きく変わった（ただし、自分でも業績を調べ直して判断する）

企業価値の変化が株価に織り込まれるタイミングであれば、値動きは決算期と近くなります。この場合は、売買を行っても構いません。

株価が新高値をブレイクしたとき

企業価値が向上した銘柄は、株価も大きく上昇し、新高値を更新するケースが多く見られます。そのため、**株価が新高値を更新したタイミング**で購入するのも手です。

逆に、決算や決算に準ずる材料が出たのに新高値の更新がなかったら、市場評価はそれほど高くないと判断できます。その場合は、次の決算まで様子見でもいいかもしれません。

ただし、新高値はあくまで目安です。新高値だけで判断せず、業績に関わる根拠を持ったうえで買うようにしましょう。

暴落バーゲンセール

最後にもう一つ、大きな買いチャンスがあります。

それは、リーマンショックやコロナショックのような、**歴史的大暴落が発生したとき**。

株式市場では、数年に1度の割合で大暴落が発生しています。大暴落が発生すると成長株を超割安に買うことができるので、余力があれば購入を検討してみましょう。

2
「利大損小サイクル」でテンバガーを目指す

購入した成長株は、直後に値下がりしなければ保有を続けます。ここで大切なのは、**すぐに利確をしない**こと。購入時から株価が上がると、すぐに売ってしまいたくなるものです。しかし、**成長株は時間が経つほどさらに伸びていきます**。

第2章でご紹介したモノタロウを思い出してください。毎月約20％の成長を11年続けた結果、株価は280倍にもなっていましたよね。成長株は、成長が続く限り保有し続けることで大きな利益を生み出してくれるのです。

3年単位で考える「利大」

右肩上がりの成長株は、上昇1年、調整2年といった長いスパンで値動きすることがよくあります。

そのため、**3年は利確せず保有し続ける**といいでしょう。3年経って引き続き期待できそうなら、もう3年保有してさらなる利益を目指します。成長余地が大きければ、さらに買い増しても構いません。

3年保有の目安は、3年で株価2倍。次の3年で4倍。その次の3年では8倍。最後に10年で10倍です。シンプルですね。

3年保有を続け、買い増し、さらに3年保有する。これを繰り返し、利益の最大化を目指すのが**「利大」**です。

株価2倍で半分売る「恩株」ルール

初心者におすすめの方法として、3年経たない場合でも**株価が2倍になったときは半分売っても構いません**。

100万円で買った株が200万円になったとしたら、100万円を残して残りの100万円を売る。するとこの100万は、別の有望な銘柄の購入資金にあてることができます。

もちろん、ほかに買いたい有望株が見つからない場合は、そのまま保有継続でもいいでしょう。

元々の投資額の100万円は確保しているので、万が一売却した100万円をすべてなくしてしまったとしても損はしていません。こういった元本を回収したぶんの株を**「恩株」**と言います。

含み損を許さない「損小」

損を最小化させる**「損小」**も大切です。

含み損になってしまった銘柄について、根拠もなく「少しくらい下がってもそのうち戻るだろう」と思ってはいけません。暴落に巻き込まれ、大損失を被ってしまうおそれもあります。**含み損は100%失敗であり、リスク管理の観点から損切り**を実行する必要があります。

損小では、スピード感を持って機械的に実行することが重要です。「○円下がったら売る」といった**損切りルール**をつくり、保有株すべてに適用していきましょう。

私の場合、**購入日の翌日以降の終値が買値より1円でも安くなったら売却する「1円損切りルール」**を採用しています。ルールを守っている限り、リスクはルールの範囲内で最小限に抑えることができます。

損切りは常に正しい

本来、右肩上がりの成長株が含み損になることはありません。含み損が生まれる原因は、**銘柄選択を誤ったか、買うタイミングが悪かったか**（エントリーミス）のどちらかです。

買うタイミングを誤ったために損が出ていた場合であれば、タイミングを見て再購入してもOKです。ただ銘柄選択自体を誤っている場合は、何度挑戦しても損切りの繰り返しになるでしょう。こうならないためには、「再購入は3回まで」といった回数制限をつくっておくことをおすすめします。

また損切り後に買いたい銘柄が見つかった場合でも、決算期のような買いチャンスでなければ待つようにしてください。とくに初心者の方は損を取り戻そうとリスクの高い取引をしがちですが、タイミングの見極めを怠ってはいけません。

以上が、利大と損小の考え方でポートフォリオを効率化する**「利大損小サイクル」**です。

このサイクルを意識しながら長期投資を行うことで、リスクを管理しながら資産を増やせるはずです。

図5-1　利大損小サイクル

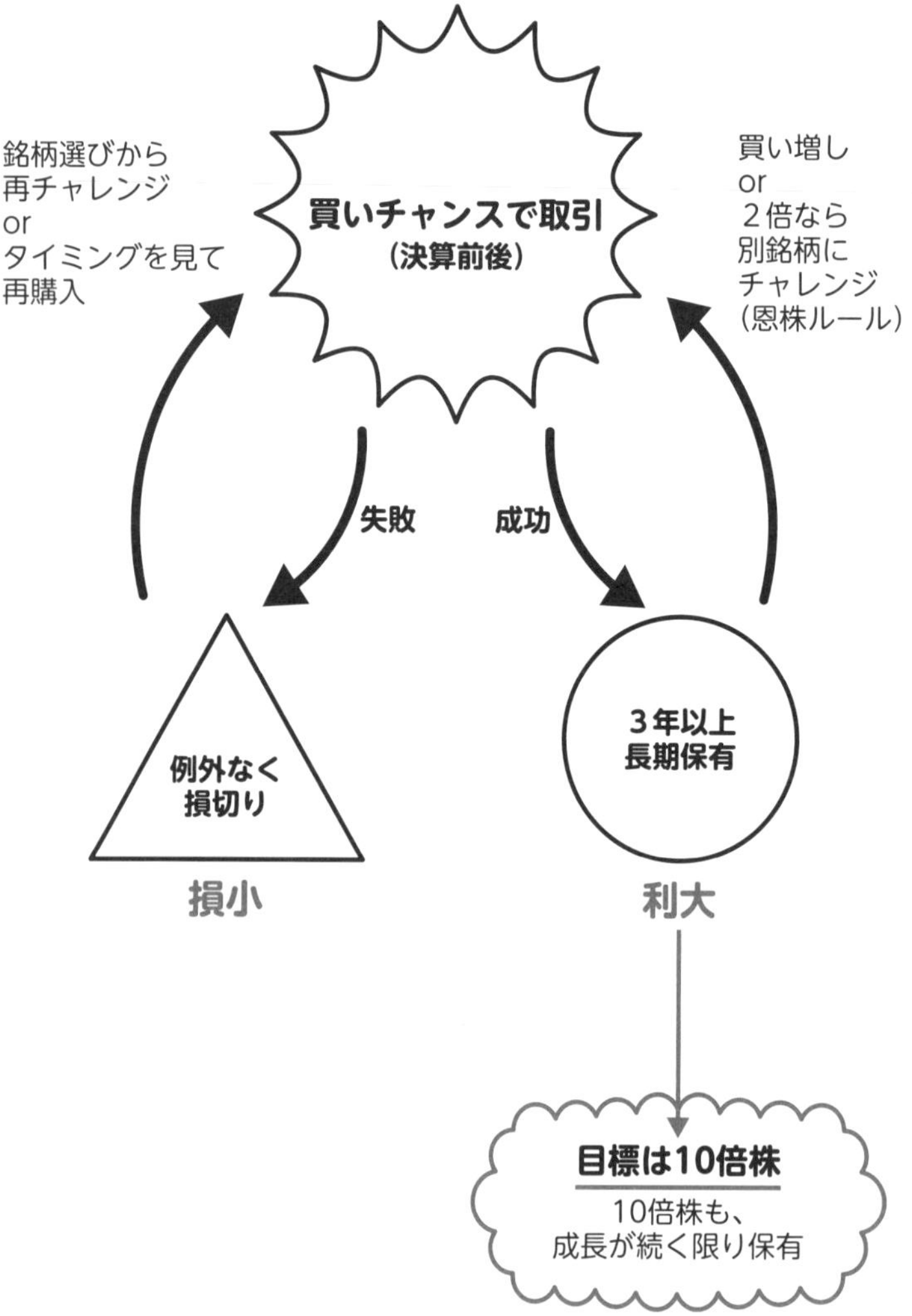

3
成長株に投資するということ

最後に、成長株に投資するうえで大事な考え方をいくつかお話しします。

時価総額と成長限界

企業が成長した結果、どれくらいの規模になっているかを示すのが**時価総額**。これは売上や利益とほぼ比例する指標で、次の式で算出されます。

時価総額＝株価×発行済み株式数

発行された株をすべて買い占めれば、企業を丸ごと買ったことになります。ですから時価総額は、「企業そのものについた値段」とも言えます。

さて、時価総額について各業界の上位企業を比較すると、企業の**成長限界**が見えてきます。

米アップル〈AAPL〉　200兆円　世界中でスマホやパソコンを製造販売
トヨタ自動車〈7203〉　27兆円　世界中で自動車を製造販売
イオン〈8267〉　3兆円　日本中にショッピングモールを展開
日本マクドナルド〈2702〉　6800億円　日本中にハンバーガー店を展開
あさひ〈3333〉　420億円　日本中に自転車店を展開
ポプラ〈7601〉　40億円　中国地方でコンビニを展開

どんな成長株でも、ビジネスモデルによって成長限界があるものです。

投資先が地方でコンビニを展開する企業なら、今後どれだけ成長したとしても、アップルと同じ200兆円に伸びるとは考えにくいですよね。逆に国内企業が世界に進出してグローバル企業になれば、成長限界は大きく伸びるでしょう。

株価は「ＭＡＸでどこまで成長するか」という伸びしろによって動きますから、**時価総額で成長限界を測っておく**ことも投資判断に役立つはずです。成長株に投資する前に時価総額を見て、成長によって10倍になるのが現実的か、考えてみましょう。

成長シナリオを考える

月次情報でわかったように、勝ち組・負け組はコロナショックによって大きく分かれていました。企業の成長を考えるときは、**社会的な長期トレンドとの連動**も意識しなくてはいけません。

ここで、少し先の未来を想像してみてください。５年後、10年後、世の中はどう変わっているでしょうか？

- **コロナと共存する社会、コロナを克服した社会**
- **東京一極集中からテレワーク主体に変わり、郊外や地方で暮らす社会**
- **ガソリンエンジン車がＥＶやＦＣＶに置き換わった社会**
- **火力発電から再生可能エネルギーや原子力発電にシフトした社会**

こうした社会が実現したとき、注目した企業の売上や利益は何倍になっているでしょうか。社会的な長期トレンドが追い風になっていますか？

未来を想像したら、次のように数字でも予測してみます。

	売上	利益
2021年	10,000	3,000
2022年	12,000	3,600
2023年	15,000	4,500
2024年	20,000	6,000
2025年	25,000	10,000
2030年	100,000	30,000

未来について、確実なことは誰にも言えません。自分自身で仮説を立て、それに基づいた成長シナリオをつくっておくと、迷ったときの判断基準になってくれるでしょう。

なお、勝ち組の影には負け組が存在し、負け組の生き残りをかけた抵抗によって成長が滞る可能性もあります。注目した企業が増収増益になったときは、**負け組企業が減収減益になっているかどうか**も確認しておくと安心です。

成長株こそリスク管理が大切

図5－2は、成長倒れの株によく見られる株価と理論株価の推移です。

第4章でお話したように、成長株は理論株価よりも高い状態で買われていくことが少なくありません。株価は理論株価よりも高いところで、上昇と調整を繰り返していきます。しかし成長倒れになってしまうと、上がりすぎた株価は妥当な株価へと落ちていきます。

もし誤って株価が下がる直前で買ってしまい、含み損が生まれたら、即座に損切りをしてください。「一度下がってもまた上がるはず」と勝手に思い込んではいけません。下がっても再度伸びるタイミングか、急落のタイミングか、その時点では判断がつかないからです。

理論株価が株価よりも高かったとしても、この判断は変わりません。株価が先行して下落したあと、決算で業績の悪化がわかり、理論株価が下がるというケースもあります。

株価の上昇局面で買うための**業績チェック**と、含み損が出たときのすばやい**損切り**。成長株に投資するときこそ、この2つが不可欠なのです。

そして言うまでもなく、テンバガーよりも、テンバガーにならない銘柄が圧倒的多数です。ですから、損切りはたくさん必要になるでしょう。失敗と向き合って**リスク管理しながら、当たりの成長株を引くまで続けること**が成功の秘訣です。

ほかにも、リスク管理で大切なことをいくつかご紹介しておきます。

①キャッシュポジションを多めに持つ（30

図5-2　成長倒れの株によく見られる値動き

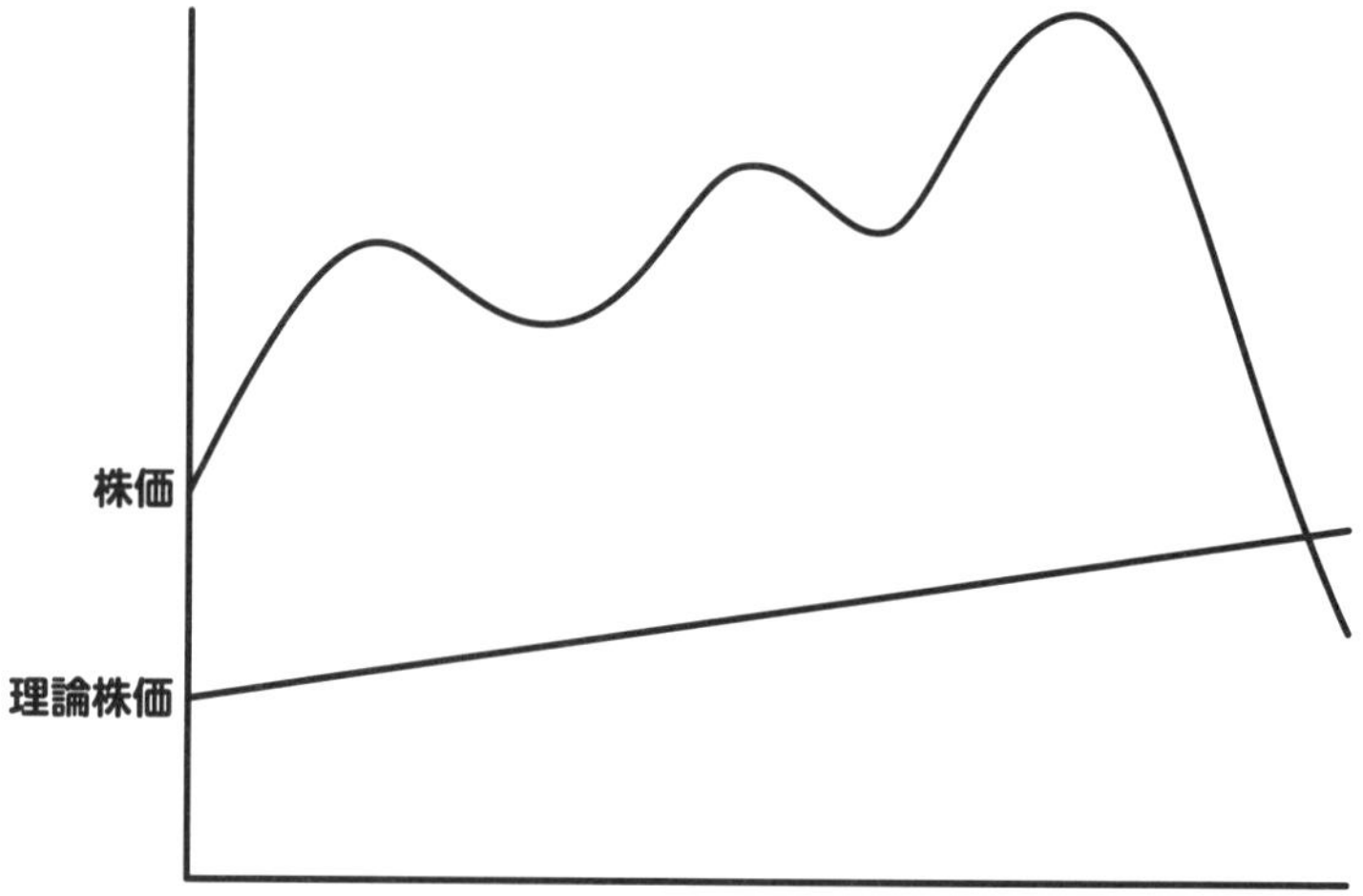

〜50%）

②信用取引はしない（レバレッジはかけない）

③本書で説明したような、再現性の高い手法を取る

①について、保有株が5倍・10倍へ伸びたことで相対的にキャッシュポジションが低下した場合は、そのままでも構いません。でも利確して銘柄を買い直すときには、再度キャッシュポジションを30〜50%に戻すようにしましょう。キャッシュは集中投資のリスクを軽減する安全域になりますが、例外として「暴落バーゲンセール」では割安に買うための資金にもなります。

勝つための根幹はリスク管理。

ハイリターンを目指す成長株×集中投資法だからこそ、①②③を肝に銘じて取り組んでほしいと思います。

コラム

ほったらかし投資の魅力

株価が動くとどうしても気になって、取引したくなっちゃいます。

株価は毎日動いています。資産がリアルタイムで増減するので、気になってしまう方も多いでしょう。でも、値動きがあるたびに「ここで買って、ここで売って」と予測や売買をしていると、時間はあっという間に過ぎてしまいます。

そして成長株×集中投資法において、そのほとんどは無駄な時間です。短期的な株価に基づいた投資は業績ではなく需給を見る投資であり、**再現性のないギャンブル**に夢中になっているだけだからです。

成長株の業績が順調で、株価が買値を上回っているなら、それ以上は何もすることはありません。**ほったらかしでOK。**投資した銘柄の含み益が大きくなると、含み損を心配する頻度も低くなります。**保有期間が長くなるほど、取引回数は減少**していくわけです。

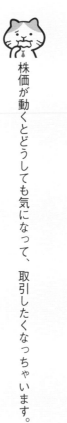

逆に順調でない場合は、損切りや利確の検討、投資先の再検討に時間を使うべきでしょう。日々の株価を見たり、値動きに基づいた取引をしたりする時間はないはずです。

たしかに……！

補足すると、短期投資にも利点はあります。直近の上昇株を買い、下がりそうになったら別の上昇株に乗り換えていく投資法は、資産効率の面で優れているといえるでしょう。ただこのやり方では、そのときにどの銘柄が安くなったか・高くなったかを、幅広く把握する必要があります。高頻度で、かつ広範囲で情報を調べなくてはいけないので、プロの専業投資家であればまだしも、本業のあるサラリーマンに適しているとはいえません。

私は、**これと決めた少数銘柄への長期投資が、サラリーマンにとってベスト**だと思っています。良い企業と巡り会い、時間を味方につければ、専業投資家とそん色ない成績を上げることも不可能ではありません。むやみに取引回数を増やさず、時間を有意義に使ってほしいと思います。

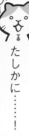

コラム

投資のストレスとうまく付き合う

テンバガー候補を買ったはいいけど、「急落したら」と思うとストレスで胃が……。

ストレスは投資家を成長させる種。まったくストレスがないのも考えものですが、あまりに過度だと投資判断にも悪影響を与えますよね。

そこで、ストレスを抑えるコツをご紹介しましょう。

■ストレスを軽減させる3つのコツ

1．ストレスにならない金額で投資する

まず、欲の皮をつっぱらせないこと。

株価の下落がストレスになるのは、そこで発生する損失が自分の許容範囲を超える可能性があるからです。投資スキルに自信がないうちは、大きすぎる金額の取引は控えてください。

信用取引はもってのほかです。

初心者は、**身の丈にあった金額で投資をしながらスキルを向上させていきましょう**。月給の数分の1から始めれば、ストレスはさほど感じません。少額で投資の勉強をし、徐々に金額を大きくしていくのがコツです。

2. 含み損を持たない

次に、**含み損を持たない**こと。

含み損は、持っているだけで不安になるものです。損切りルールを決め、徹底してください。成長株投資家のポートフォリオに、含み損など必要ではありません。

含み損を抱えていないポートフォリオは、経済的にも精神的にも安定を与えてくれます。

3. 投資対象を徹底的に分析する

「今後どうなるかわからない」という不確実性も大きなストレス要因になります。

このストレスを減らすためには、**徹底的に企業分析を行ってください**。業績予想が外れてしまったときでも、その原因をしっかり調べていくことが大切です。

「損したし、何がなんだかわからない」という状態よりも、「損はしたけど、何が起きたかわかった」と納得するほうが精神衛生的に良いはずです。もちろん、投資スキル向上にもつながります。

投資スキルを身につけることが、メンタルコントロールにもつながるわけですね。

その通り。
ストレスに関してもう一つ大切なのが、**家族への気配り**です。

資産を現金ではなく株式で保有するのは、投資家にとっては当たり前ですよね。でも、投資をしていない家族にとっては不安材料になります。とくにコロナショックのような経済に影響の大きい出来事があると、家族は気が気ではなくなります。

いくら「自分のポートフォリオなら問題ない」と言い張っても、おそらく納得はしてもらえないでしょう。株式投資のリスクに不安を感じている家族に、投資家の常識をいくら説いても意味がありません。株を一部売却してでも、家族のストレスを取り除いていくほうを優先すべきではないでしょうか。

投資家界隈でも、「投資で成功したものの、家庭はうまくいっていない」といった話を聞くことがあります。そして、家族への配慮ができなくなるほど投資に集中する人は、あまり幸せに見えません。

株式投資は目的ではなく、あくまで手段。

本当に優先すべきは、自分の健康や家庭の平和です。この考え方を前提に、健全な投資を行ってほしいと思います。

資金管理

リスク管理

- 損切りルールを作って守る
- 成長株の含み損は一切持たない
- キャッシュポジションは多めに持つ
- 信用取引はしない
- 再現性の高い手法を取る

買い方

- 年４回の決算前後に買う
- ３年後の理論株価より高い銘柄は買わない
- 流動性を考えて適正な購入金額を知る
- 投資難易度の高い銘柄は買わない
- 新高値ブレイクを確認する
- 暴落バーゲンセールを狙う

利大損小

- 利大＝含み益は利確しない
- 損小＝含み損は例外なく損切りする
- ３年保有ルールで利を伸ばす
- ３年で２倍、10 年でテンバガーを目標に
- ２倍で半分を売る「恩株」ルール
- テンバガーも成長が続く限り保有

ほったらかし投資

- 順調なときは取引しない
- できるだけ取引回数を減らす
- 株価はなるべく見ない
- 投資がストレスにならないようにする
- 家族のストレスにも気配りする

はっしゃん式　成長株×集中投資法のまとめ

銘柄選び

四季報速読

- 四季報で右肩上がりのチャートを探す
- 四季報の業績が連続で増収増益を探す
- 株価と業績の両方が右肩上がりになっている銘柄を探す
- 年４回の速読で社会や業界のテーマ・トレンドを知る

月次情報

- 月次売上が全店、既存店 100%以上を探す
- 月次売上が今期売上予想 (前期比) 超えを探す
- 月次売上が同業他社比で優位な企業を探す
- 月次売上が急に良くなった企業を探す

決算分析

- 決算書は１ページ目だけ読む
- 四半期実績と今期予想が増収増益かどうかを見る
- １ページ目を過去５年ぶん調べ、連続増収増益かを見る

理論株価

- 理論株価で妥当な株価を知る
- 株価と業績の連動性を見る
- ５年先までの企業価値を予測する

成長シナリオ

- ５年後、10 年後の成長シナリオをつくる
- 売上、利益の成長シナリオを数字でつくる
- 勝ち組になる理由、負け組になる相手を検証
- 社会的な長期トレンドを考える

選択と集中

- 投資候補２、３銘柄まで絞り込む
- 同じ銘柄にできるだけ長く投資する
- 同じ銘柄に時間を使ってスキルを磨く
- 自分の得意銘柄・得意分野をつくる
- 社長の能力や人柄を見る

おわりに

勝者のメンタリティ

初心者からすると、株式投資の勝者は「じゃんけん大会の勝者」に見えるかもしれません。でも実際はリスクコントロールと優位性の勝者であり、ギャンブル要素を最小化することで、勝つべくして勝っています。

「勝ちは幸運であり、負けは実力である」

私は、こう考えるのが**勝者のメンタリティ**だと思います。

確率要素がある限り、勝利は運であり、それを実力と思い込む過信は禁物です。100%

勝てる方法などありません。

一方で負けには運の要素などなく、回避できなかったのは100％実力不足だと思うこと。同じミスを繰り返さないようスキルを磨き、改善することが重要です。

逆に「勝ちは実力であり、負けは不運である」と考えるのは、敗者のメンタリティです。このメンタリティを持つと、進歩は止まってしまうでしょう。

本書が、あなたにとって正しいほうの道へ進む指南書となれば幸いです。

健全な日本市場を作りたい

日本市場の価値を高めるには、市場参加者である投資家を増やし、より多く、より長く資金を滞留してもらう必要があります。そうして市場が活性化することは、すべての市場関係者にとって利益になるはずです。

しかし日本の証券業界には、目先の利益を追求し、金融リテラシーの低い初心者の射幸心《しゃこうしん》を煽るような姿勢が散見されます。成功ストーリーばかりが誇張されていますが、個人投資家の90％が負け組になっているのが実態です。

初心者を食い物にし続ける、修羅のような世界。
それゆえ株式投資で成功しても尊敬されることなく、妬みの対象となる社会。

「なぜ日本に株式投資が定着しないのか？」を考えると、この問題に行き着きます。

もっと健全な日本市場を作り、初心者を含む誰もが健在な資産形成をできる場にしたい。
それが、私の願いです。

ギャンブルに熱中するのではなく、リスクをコントロールする投資へ。
需給で決まる株価よりも、企業業績と未来を見る投資へ。
目先の利益を誇張する短期投資から、人生の資産形成に役立つ長期投資へ。
選ばれた人のための投資から、仕事や家庭と両立できる当たり前の投資へ。
誰かを陥れるゼロサムではなく、皆で資産を増やせるプラスサムの投資へ。

本書によって1人でも多くの方にご賛同いただき、投資仲間になっていただけたら、これにまさる喜びはありません。

2021年6月　はっしゃん

付録1　四季報速読でわかる社会のトレンド

(1) 需要増大が続く「半導体」

半導体事業はＢｔｏＢビジネスなので知名度が低く、注目してこなかった方も多いかもしれません。でも実は、成長株が増えてきている業界です。

コロナ禍では、世界的なテレワークの拡大でスマホとパソコンの需要が高まりました。さらに最近ではＥＶの人気も加わり、半導体事業は好況が長期間続く「スーパーサイクル」に入るかもしれません。

日本の半導体事業は、かつて「日の丸半導体」と呼ばれるほど世界を席巻してきました。しかし近年は、中国や韓国、台湾にシェアを奪われつつあります。

歴史的に、日本企業が新技術を開発して一時的にリードしても、価格競争力に長けた海外勢力に追い抜かれてしまうことがよくあります。長期投資においては、「現在の優位性がいつまで続くか」という視点を持っておきましょう。

半導体の代表銘柄

①レーザーテック〈6920〉

【株価】

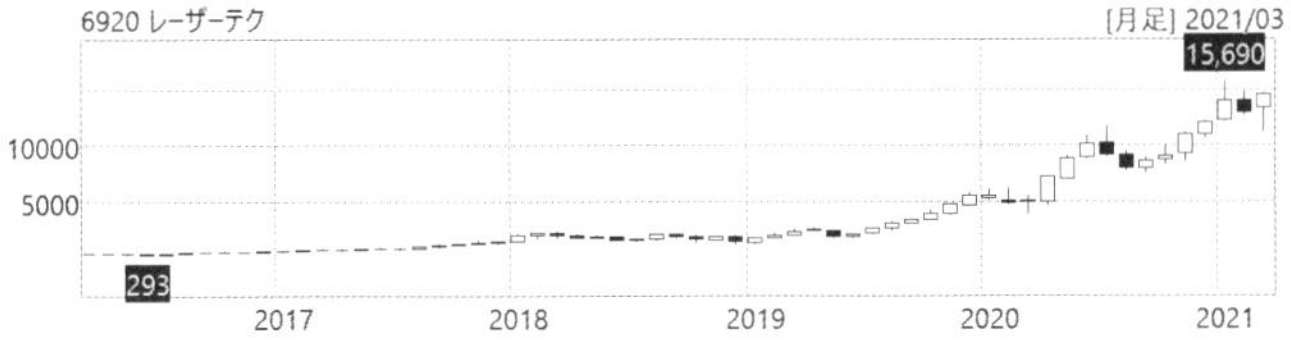

【業績】

○2019／○2020／○2021

②東洋合成工業〈4970〉

【株価】

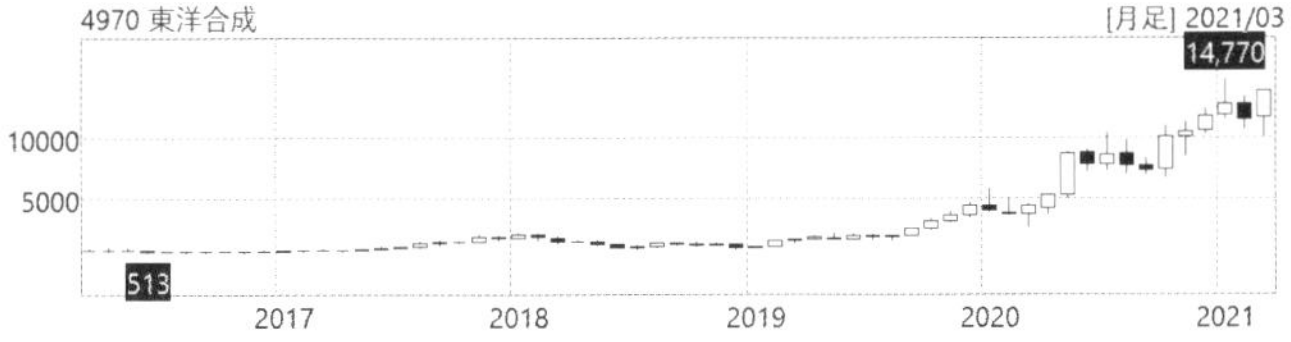

【業績】

○2019／○2020／○2021

③トリケミカル研究所〈4369〉

【株価】

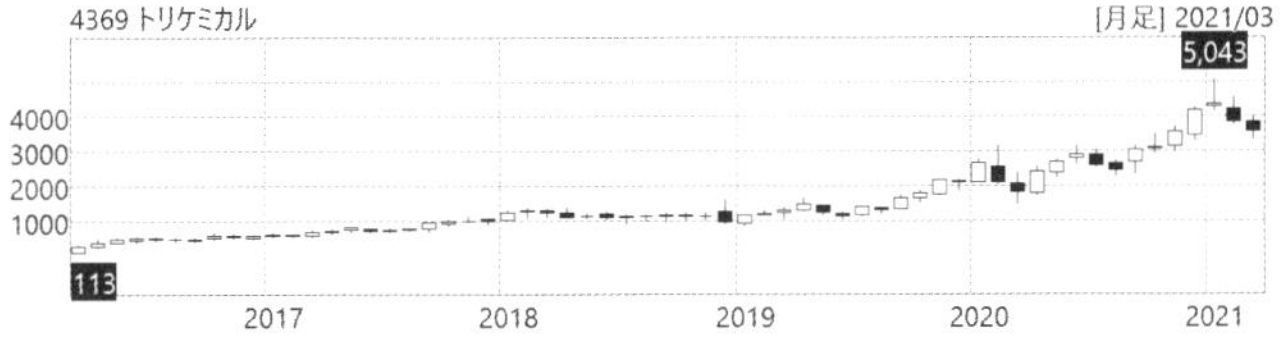

【業績】

○2019／○2020／○2021

(2)「新電力」はカーボンニュートラルが要

新電力は「電力自由化以降、新たに参入した小売電気事業者」が含まれるテーマで、主に発電事業者と小売事業者に分類されます。

電力自由化は、既存の電力会社による独占の垣根を取り除き、電力の安定供給や電気料金の抑制が推進されることが期待されています。しかし弊害もあり、厳冬となった2020年～2021年は電力価格が高騰。新電力の電気料金が逆に割高となり、小売事業者がダメージを受け経営危機に陥ることもあり、セーフティネットの構築が必要となりそうです。

新電力の中でも、再生可能エネルギーを中心に取り扱う事業者は「カーボンニュートラル」の主役と位置づけられます。カーボンニュートラルとは、再生可能エネルギーを使いつつ、森林を増やして二酸化炭素を吸収させることで、二酸化炭素の排出量を実質ゼロにしようという考え方です。アメリカでは地球温暖化問題に前向きなバイデン政権に変わったことで脱炭素施策が本格化し、世界的にカーボンニュートラルへの流れができていきました。

日本でも、菅政権が2050年までにカーボンニュートラルを達成する目標を掲げています。自動車をガソリン車からEVへ移行していくことや、再生可能エネルギーの調達コストを電力価格の値上げでカバーし普及させていくなどの動きが出始めています。

新電力の代表銘柄

①ウエストホールディングス〈1407〉

【株価】

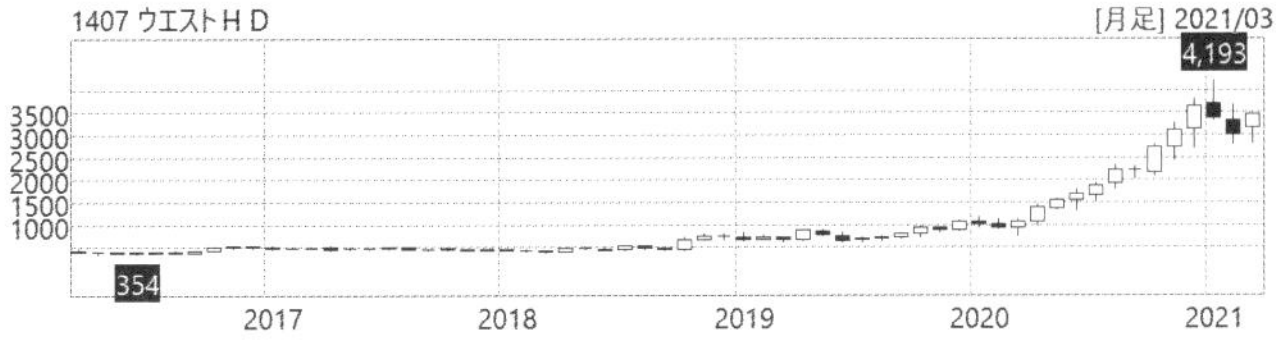

【業績】

○2019／△2020／○2021

②グリムス〈3150〉

【株価】

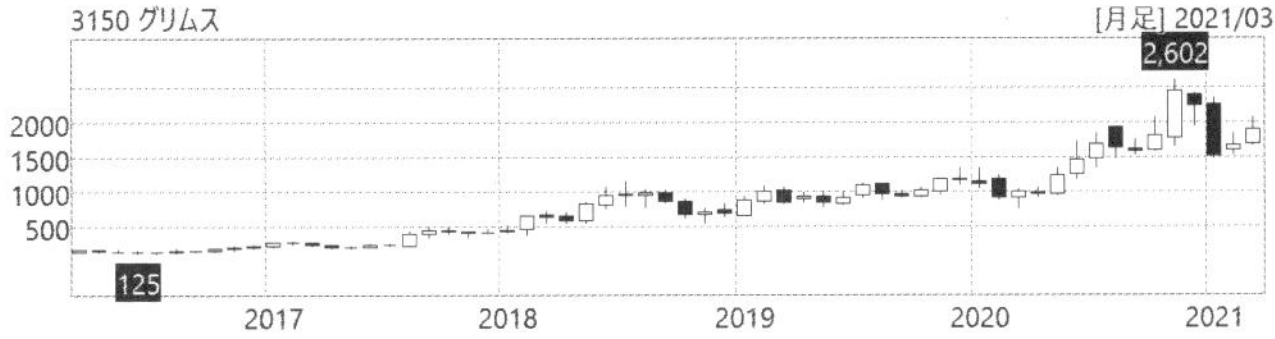

【業績】

○2019／○2020／○2021

③ホープ〈6195〉

【株価】

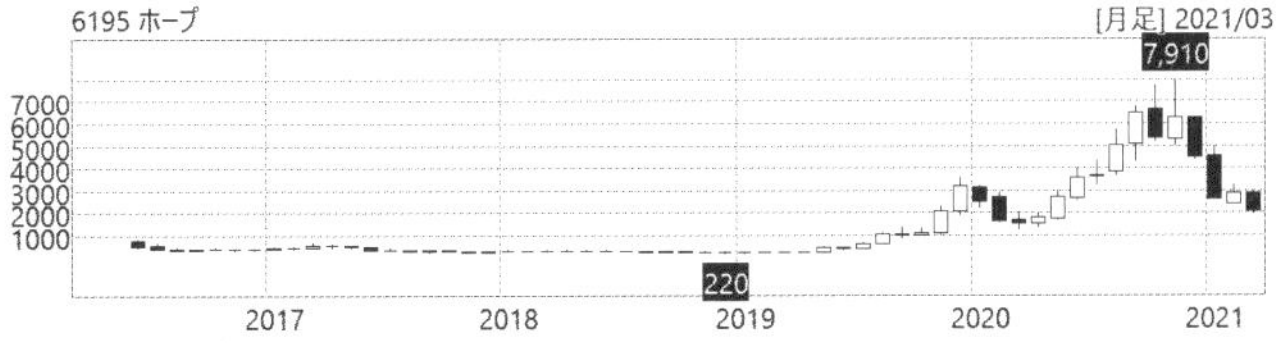

【業績】

○2019／○2020／×2021

（3）政府も進める「DX」

「DX」（デジタル・トランスフォーメーション）は、「IT技術やデータを活用し、既存のものをデジタルに置き換えて社会全体の効率化を進めること」です。

例えば契約については、これまでは紙の契約書と印鑑で行うのが普通でした。しかし弁護士ドットコムが提供する「クラウドサイン」というサービスでは、WEB上で契約の認証がすべて完了します。紙と印鑑をデジタルに置き換えることで、直接会って捺印をもらったり、郵送したりといったコストが大幅に削減されたわけです。

数年前から、政府もDX関連施策を急速に進めています。DX関連予算もつくようになったので、中小企業から大企業までDXの導入を積極的に進めるようになりました。

会議をテレビ会議にするなど、DXは人と人との接触を減らすことにもつながるため、コロナ禍では一躍人気テーマになりました。コロナショックの結果、DXは3年前倒しで進むという予測もあり、目が離せないトピックです。

DXの代表銘柄

①弁護士ドットコム〈6027〉

【株価】

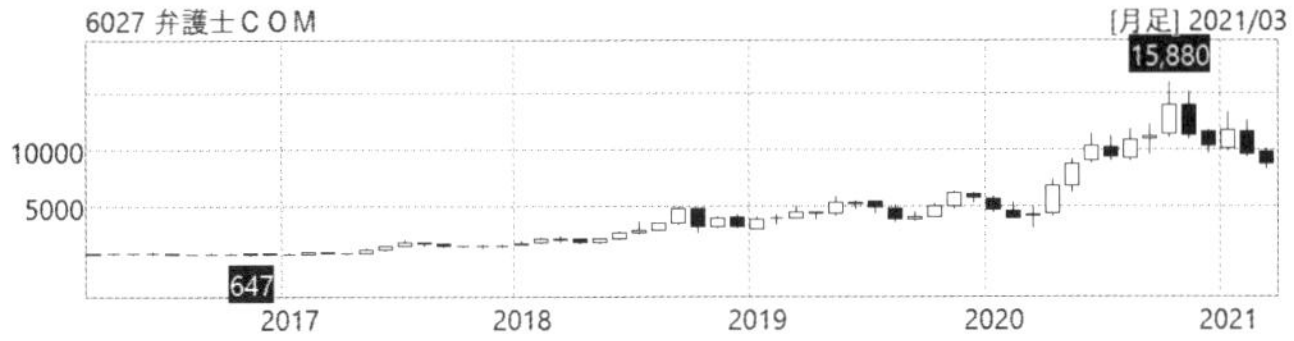

【業績】

○2019／△2020／△2021

②ラクス〈3923〉

【株価】

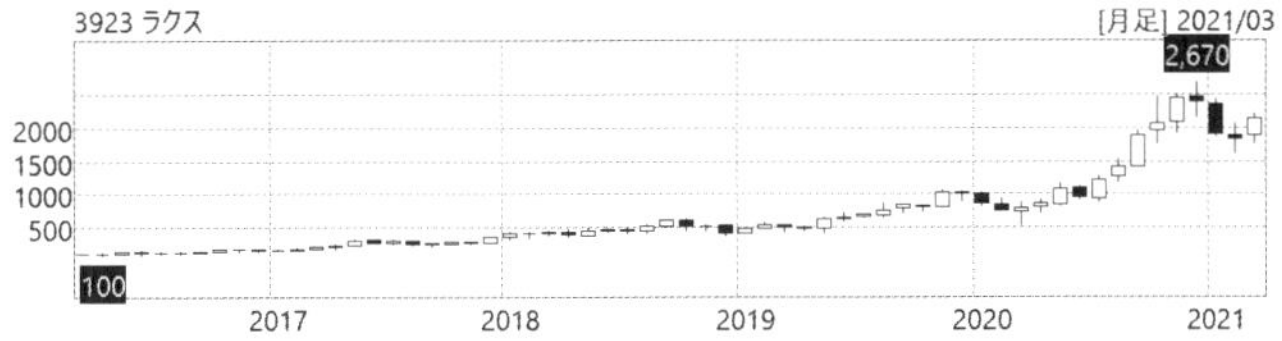

【業績】

○2019／△2020／○2021

③ブイキューブ〈3681〉

【株価】

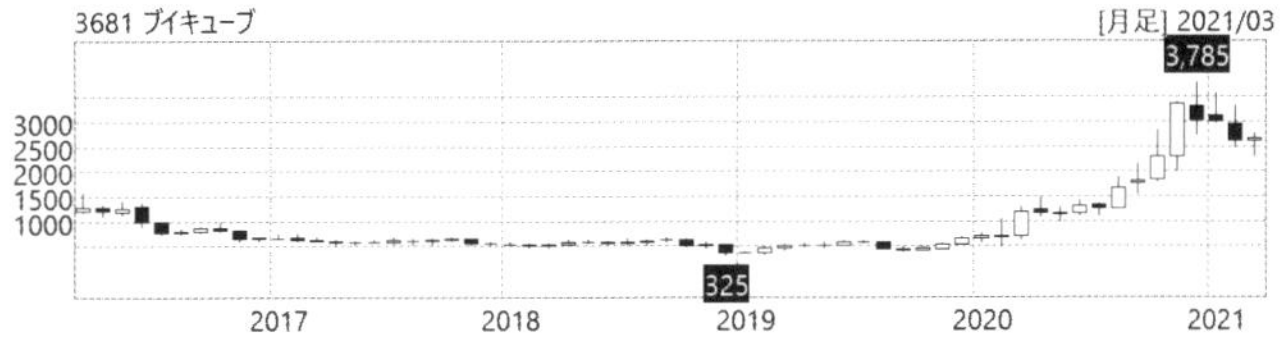

【業績】

○2019／×2020／○2021

（4）「コンサル」はDX支援に活路で脚光

政府が推進しているDXについて、IT人材の雇用を持たない多くの中小企業や地方公共団体は何をするべきか戸惑っています。そのニーズに応える形で伸びているのがコンサルティング業界。

コンサルティング業界は対面でのヒアリングを基本としていたため、コロナ禍の初期は営業活動がしにくかったようです。しかしウェビナーの活用など、リモートでの営業に切り替えたのが功を奏して好調を取り戻しました。

ただし、コンサルティングのビジネスモデルには注意点があります。それは、コンサルタントという人材に依存したビジネスである点。事業を拡大させる際は人材育成・獲得のコストが発生するので、利益を急増させるような大幅な成長はあまり期待できません。

また、それぞれの企業の状況に合わせてサービスを提供するビジネスの特性上、顧客の声を入手することが簡単ではありません。成長企業が多い半面、やや分析しにくい業界だと思います。

コンサルの代表銘柄

①ベイカレント・コンサルティング〈6532〉

【株価】

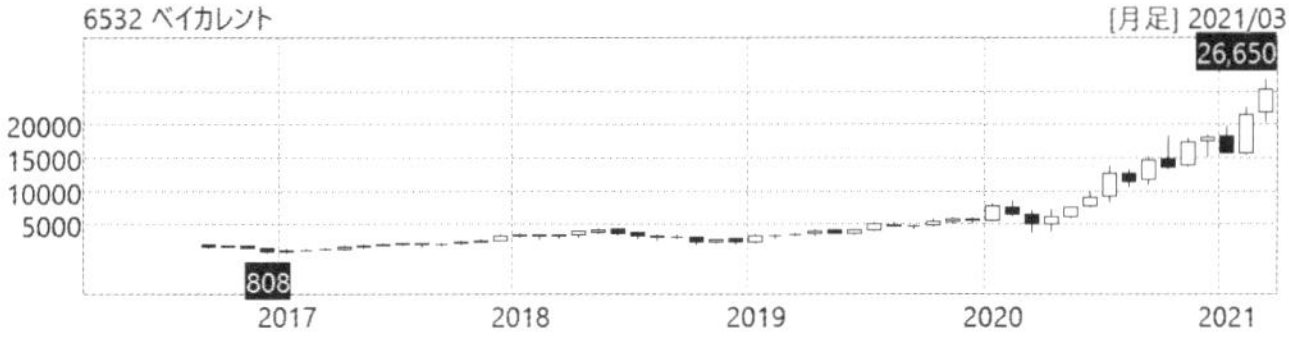

【業績】

○2019／○2020／○2021

②日本M&Aセンター〈2127〉

【株価】

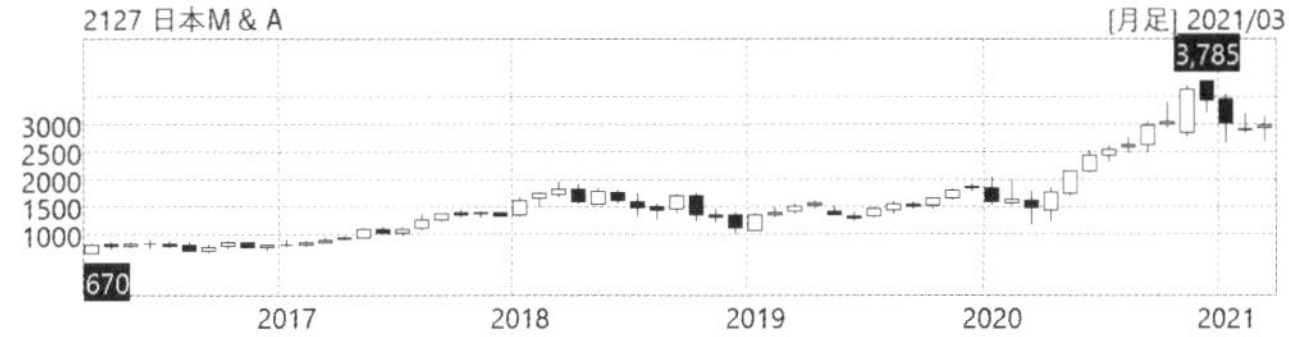

【業績】

○2019／○2020／○2021

③IRジャパン〈6035〉

【株価】

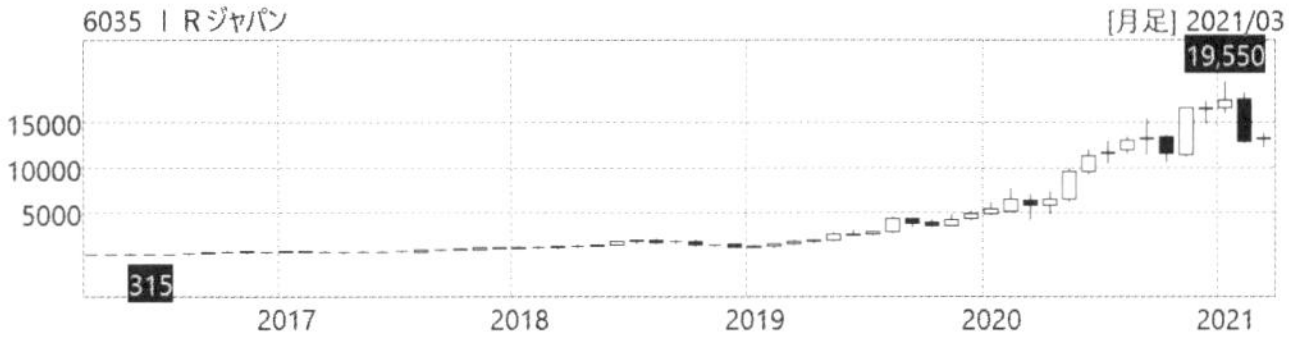

【業績】

○2019／○2020／○2021

(5) DXで成長が拡大する絶好調の「SI」

「SI」(システムインテグレーター)は、企業のシステム開発をする業種です。日本の中小企業は内部に情報システム部門を持たないことが多く、システムが必要になったときは外部のSI業者に依頼することがほとんどです。

最近はDXの導入が加速してシステムの需要が伸び、SI会社の業績は右肩上がりの最盛期を迎えています。

SIでは顧客のヒアリングやプロジェクト管理、実際のシステム開発に人材コストがかかります。コンサルティング業界と同様、人材に依存した「労働集約型」のビジネスモデルなのです。業績の拡大に比例して人件費がかかるので、急成長は期待できません。

ただ、それでも長期的に成長し続けており、安定感は抜群の業種であると思います。

SIの代表銘柄

①ＩＳＩＤ〈4812〉

【株価】

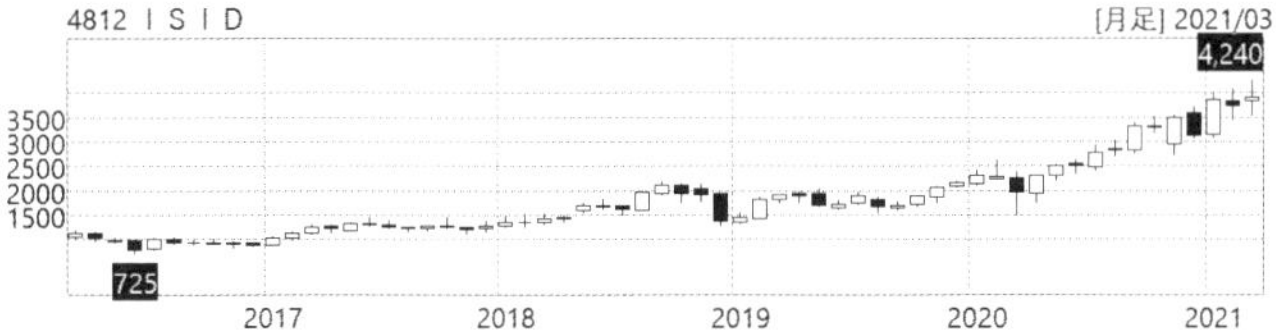

【業績】

○2019／○2020／○2021

②オービック〈4684〉

【株価】

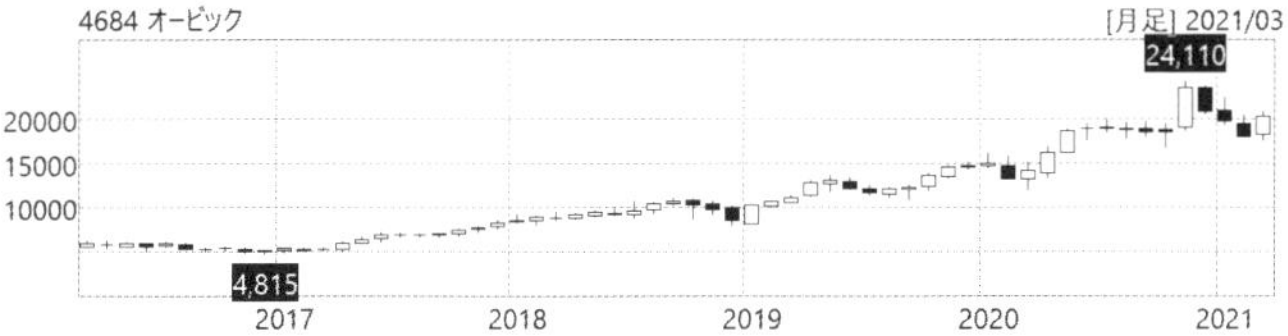

【業績】

○2019／○2020／○2021

③野村総研〈4307〉

【株価】

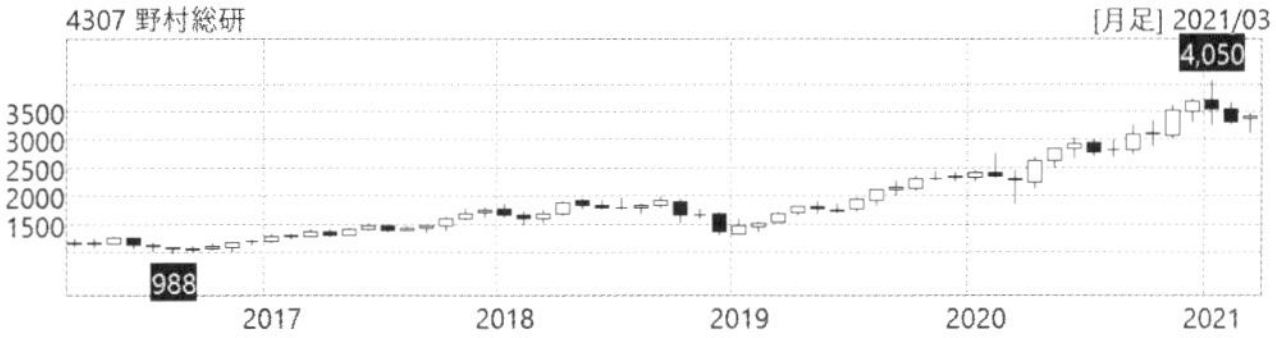

【業績】

○2019／○2020／○2021

（6）堅調な「ヘルスケア」

ヘルスケア関連の株は全体的に伸びています。

現在、日本は超高齢化社会を迎えており、医療や介護の市場が拡大市場であることは間違いありません。

さらにコロナショック以降、新型コロナウイルスを意識せざるを得ない状況が続き、医療への関心が高くなってきています。まだまだアナログな仕事が多い業界ですが、電子カルテや医療サイト、マイナンバーとの連携などＤＸも進んできています。

また、コロナ対応を通じ日本の医療体制の脆弱性が明らかになった結果、政府による医療関連への投資も強化されつつあります。

もともと「ディフェンシブストック」（景気に業績が左右されにくい銘柄）でしたが、コロナ禍においてはより堅調な動きが見られます。

ヘルスケアの代表銘柄

①アズワン〈7476〉

【株価】

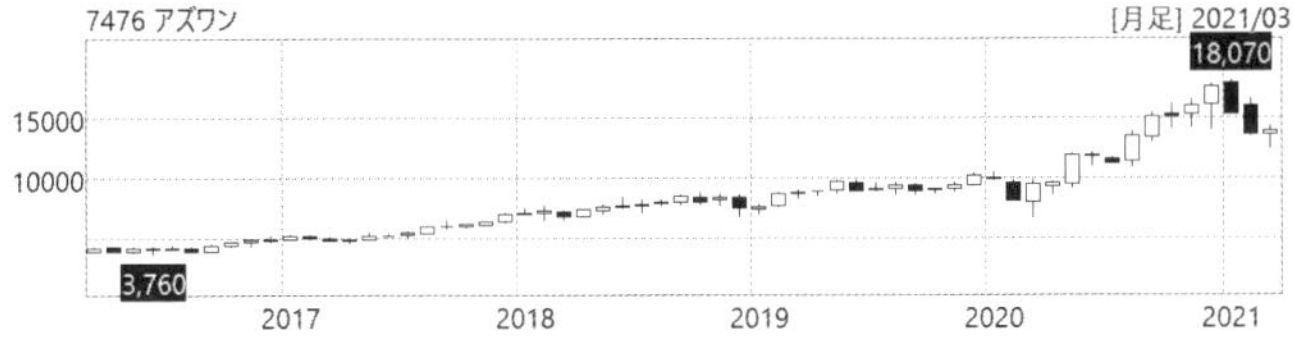

【業績】

○2019／○2020／○2021

②歯愛メディカル〈3540〉

【株価】

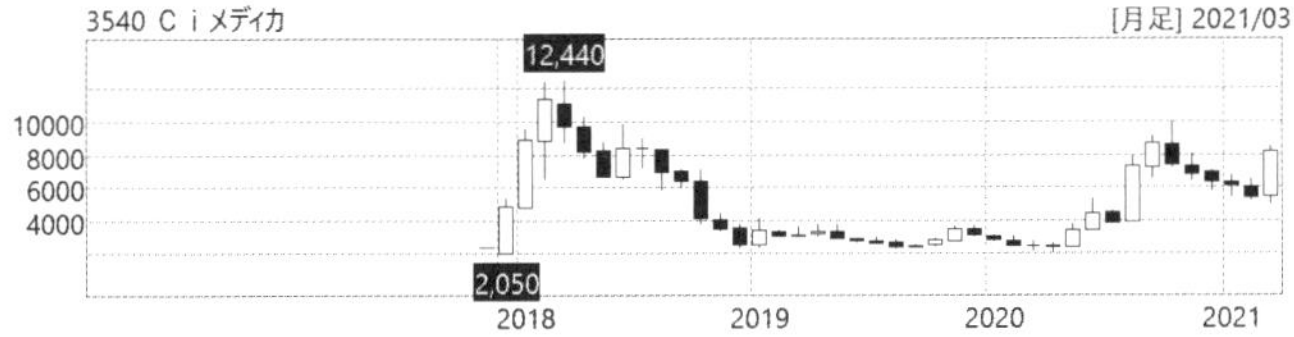

【業績】

○2019／○2020／○2021

③エラン〈6099〉

【株価】

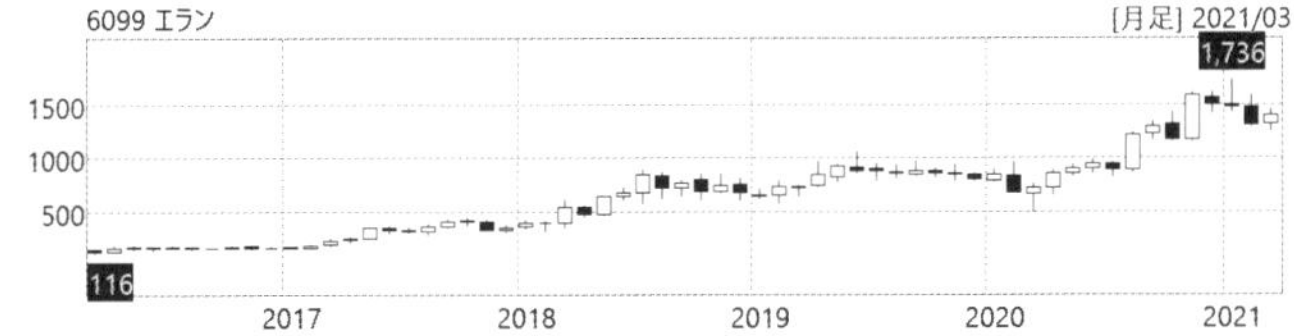

【業績】

○2019／○2020／○2021

（7）テレワークで戸建て好調の「住宅」

不動産や建設業界では、都心のマンションが苦戦している一方、地方や郊外の物件が好調です。

これは、東京一極集中から地方や郊外への分散の流れができているためでしょう。パソナのように、東京から淡路島へ本社機能を移転する企業も現れています。

また地方や郊外でも、とくに戸建て住宅に勢いがあります。

コロナ禍でテレワークが増加した結果、自宅で仕事をする機会が増えました。自宅が「生活に特化した場所」から「生活と仕事の場所」へと変わった結果、ワークスペースを増やしたいニーズなどが生まれ、郊外の戸建て住宅を選択する人が増えたのでしょう。

アフターコロナでもテレワークを行う人が多くなれば、今後も地方や郊外、戸建て住宅の好調が継続するかもしれません。

その流れで、首都圏でのミニ戸建て住宅に強みを持つ企業や地方での中古リフォームに強みを持つ企業など、もともと勢いのあった成長株が成長を加速させる可能性もあります。外出自粛の中では、ＷＥＢ注文に強みを持つ企業にも期待ができそうです。

住宅の代表銘柄

①オープンハウス〈3288〉

【株価】

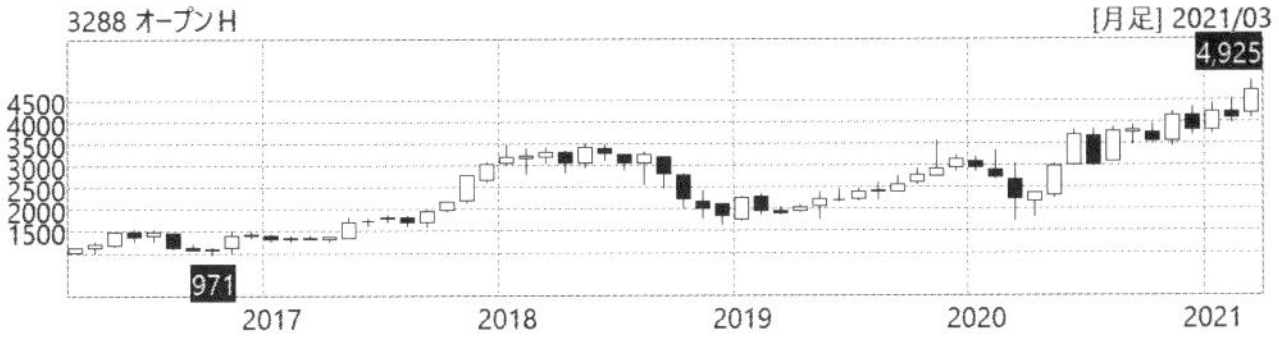

【業績】

○2019／○2020／○2021

②リブワーク〈1431〉

【株価】

【業績】

○2019／×2020／○2021

③カチタス〈8919〉

【株価】

【業績】

○2019／○2020／○2021

（8）巣ごもり需要で伸びる「ゲーム」

近年、ゲーム業界ではさまざまな動きがあります。

ゲーム対戦が新しいスポーツジャンル「e－Sports」として捉えられるようになり、さらにコロナ禍では巣ごもり需要の恩恵を受け、活況を呈しています。

なお、従来のゲームソフトはパッケージ販売でしたが、最近はゲームソフトのデータをインストールする仕組みに変わりつつあります。メーカーとしても流通コストを削減でき、利益率が高まるためでしょう。ユーザーにとっても、パッケージよりも簡単に、かつ安価に入手しやすくなってきています。ほかにも、アイテムなどを追加購入してもらうモデルが増えてきました。

ゲームは昔から日本企業が強いジャンルであり、世界規模のヒット作品が出れば大きな成長が期待できる分野です。しかしそれぞれのゲームのコンテンツ寿命は比較的短く、安定成長するケースが少ないという問題もあります。

ゲームの代表銘柄

①ソニー〈6758〉

【株価】

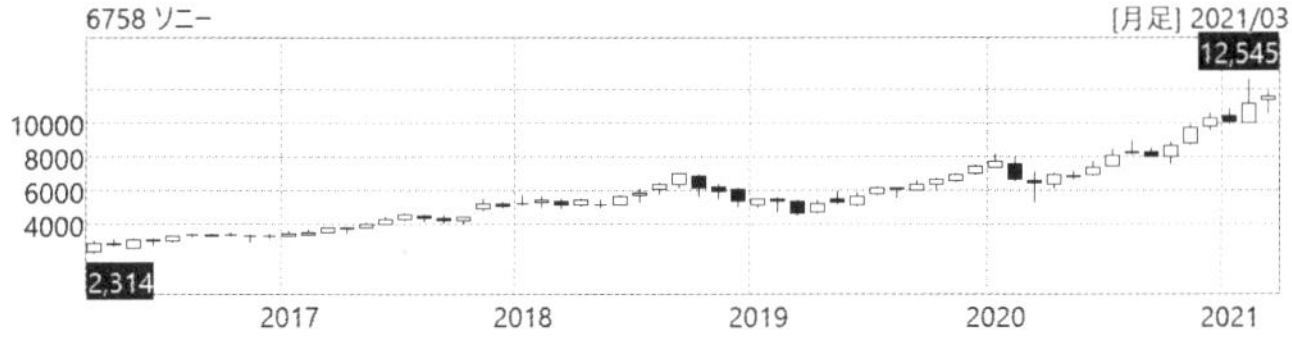

【業績】

○2019／×2020／○2021

②任天堂〈7974〉

【株価】

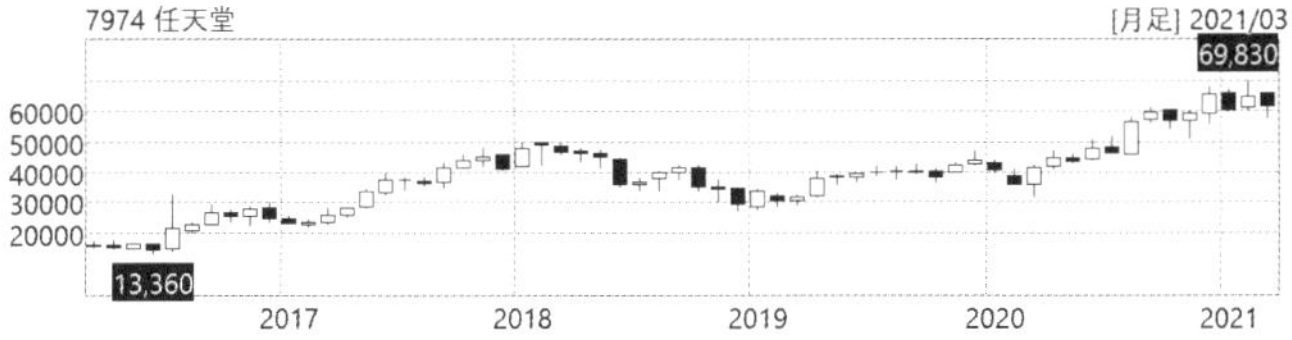

【業績】

○2019／○2020／○2021

③カプコン〈9697〉

【株価】

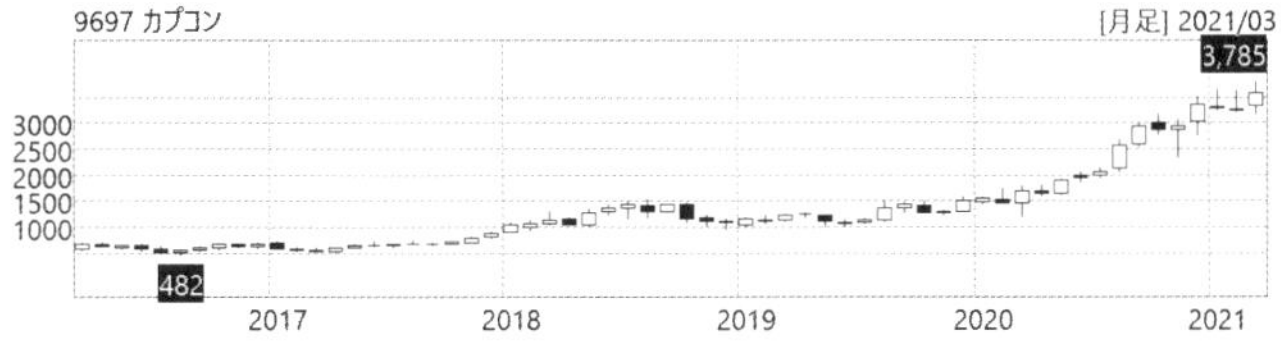

【業績】

○2019／△2020／○2021

（9）「教育」はオンライン活用が勝ち組

少子化によって競争が激化していた教育業界ですが、コロナショックにより学習塾や予備校は大きな打撃を受けています。２０２１年からセンター試験に替わって導入された共通テストは直前まで迷走し、教育現場にも混乱が広がりました。

その中で数少ない勝ち組が、教材や通信教育をオンラインで展開する企業。スマホやタブレット端末による学習、海外在住のネイティブ教師とオンラインで英会話を行うなど、自宅でも授業を受けられる、オンラインを活用した新しい教育サービスに人気が集まっています。

学校教育の現場におけるＤＸは少しずつ進んでおり、次のような施策も推進されるようになってきました。

・教室での電子黒板の利用
・ＰＣやタブレットを１人１台配布
・デジタル教科書の利用

教育の代表銘柄

①ジャストシステム〈4686〉

【株価】

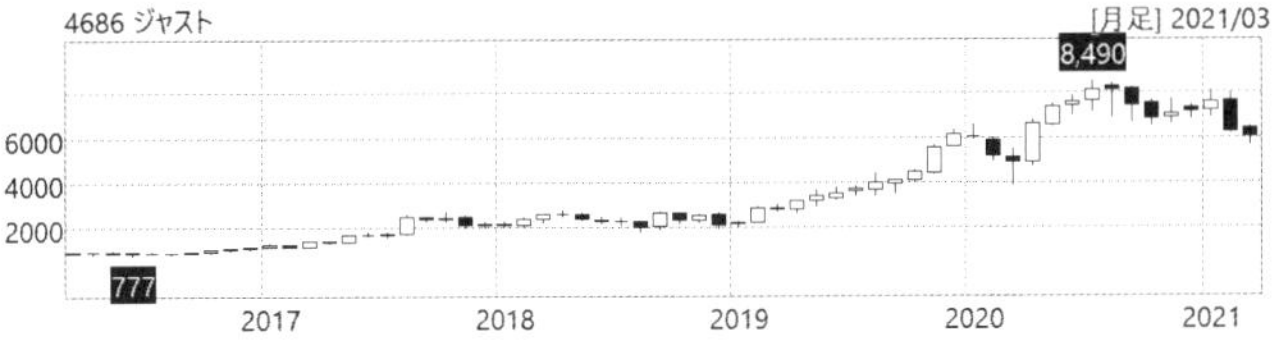

【業績】

○2019／○2020／○2021

②レアジョブ〈6096〉

【株価】

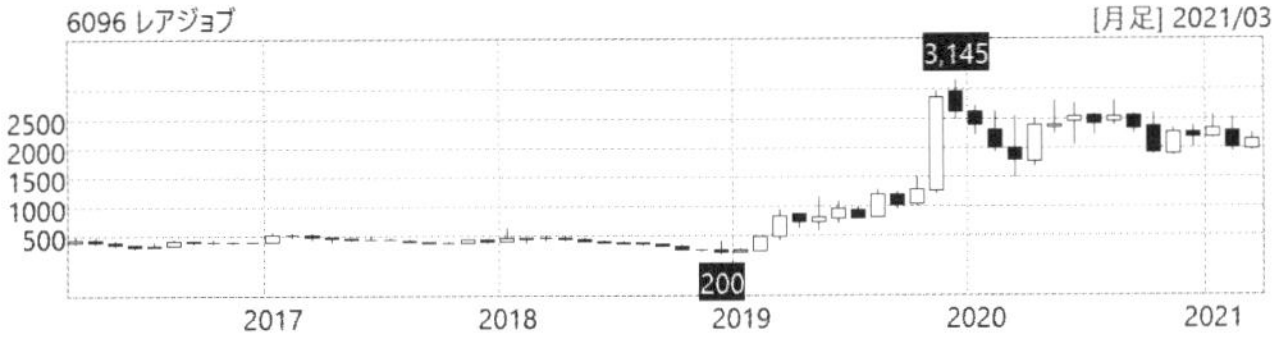

【業績】

○2019／○2020／○2021

③すららネット〈3998〉

【株価】

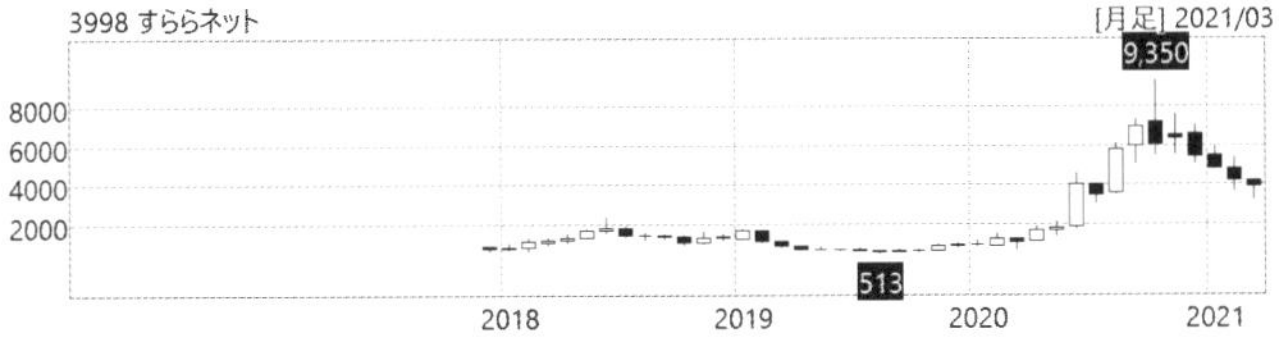

【業績】

△2019／○2020／△2021

(10) アフターコロナも期待大の「配送宅配」

コロナ禍では人の移動が制限され、鉄道や航空業界が壊滅的な打撃を受けました。また、密集を避けるようになったため、百貨店やショッピングセンターなどの大規模商業施設も売上は大幅に減少しています。

そんな中で、物流業界は恩恵を受けました。人混みや密集を避け、買い物をネットで済ませようとする人が増えたためです。

「お店を建てるより倉庫を建てるほうが儲かる」とまで言われ、ECショップ向けの大型倉庫や物流センターも各地で建設が進みました。

コロナ禍では、これまであまり利用されていなかった生鮮食品のECサービスについても需要が広がり、活発化してきました。僻地では生活必需品を買いに行けない「スーパー難民」の問題がありましたが、食品のECサービスが解決手段になりそうです。

また、ネット注文ではメールやアプリでユーザーにプロモーションできます。そのためリピート率が高くなる傾向にあり、事業者にとってもメリットは大きくなります。

ウィズコロナをきっかけに拡大した配送宅配は、アフターコロナにおいても需要が継続するかもしれません。

配送宅配の代表銘柄

①オイシックス・ラ・大地〈3182〉

【株価】

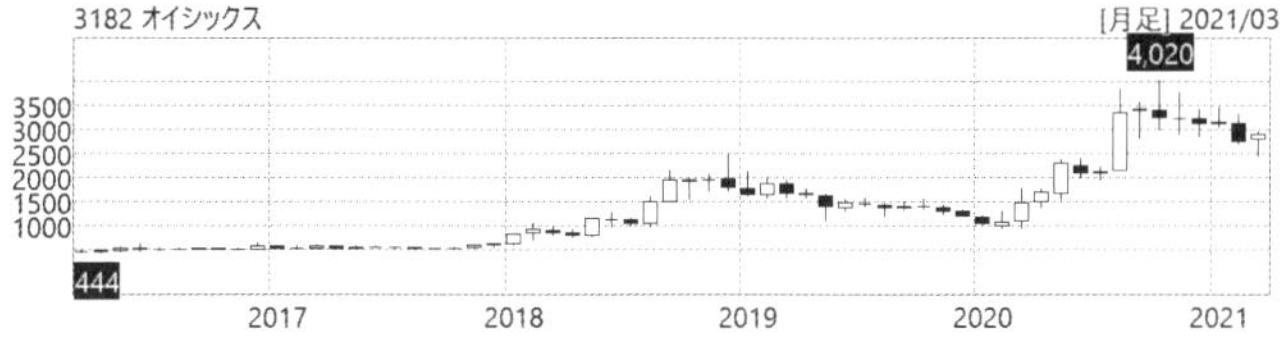

【業績】

○2019／△2020／○2021

②ＳＢＳＨＤ〈2384〉

【株価】

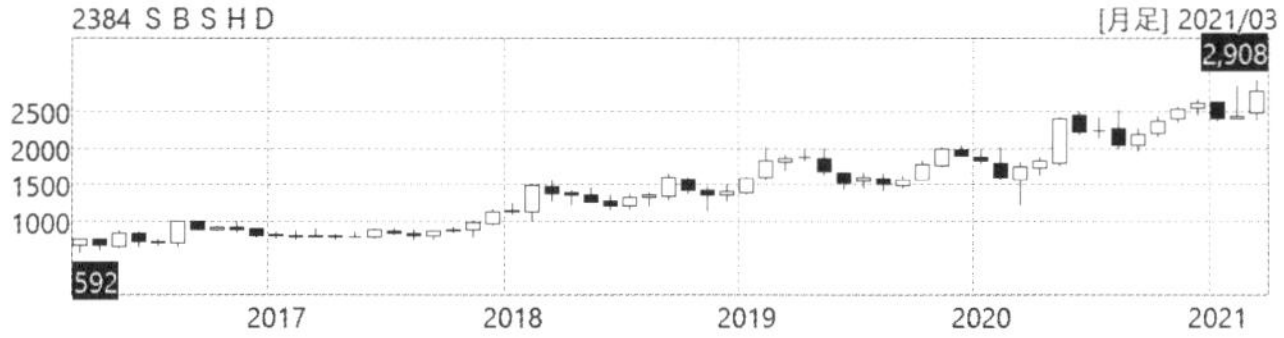

【業績】

○2019／○2020／○2021

③ＳＧＨＤ〈9143〉

【株価】

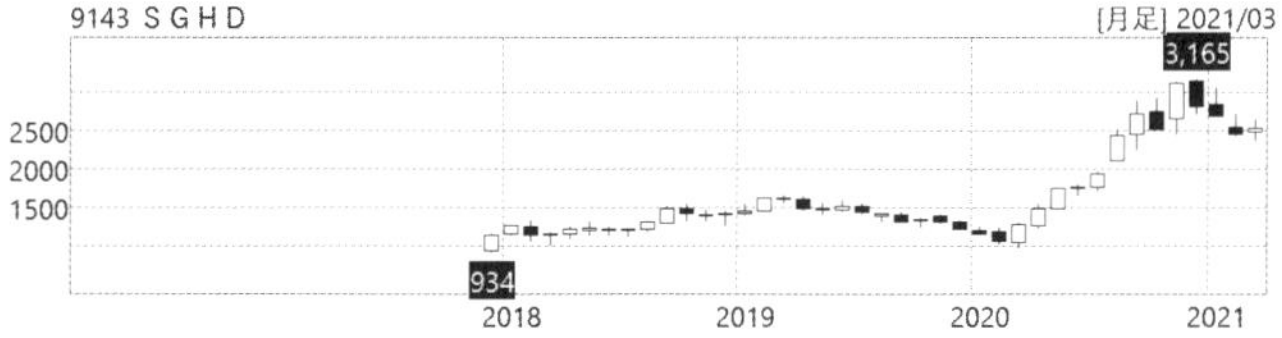

【業績】

○2019／○2020／○2021

付録2　月次情報公開企業の業界分析

※時価総額ランキングは、月次公開企業のみを対象とした2021年3月時点の順位。月次平均は2019〜2020年の前年同月増減率の平均（はっしゃん調べ）。業界の分類は月次Webに準ずる。

（1）アパレル業界

アパレル業界は、季節や天候、流行などに左右されるため、順位が変動しやすいのが特徴です。新しい企業が伸びやすい環境にあり、投資チャンスがあると言えます。ただ海外に工場を構えている場合には、クーデターや貿易摩擦などのリスクに注意が必要です。

テレワーク増加の影響

全体的にカジュアル・アウトドアウェアのブランドが伸びており、逆にスーツのようなフォーマル服は売れなくなっています。これは、テレワークの増加によるものでしょう。

アフターコロナでもテレワークが継続する企業が多ければ、カジュアル・アウトドア優位が続く可能性もあります。上位のユニクロやワークマンがますます強くなるという予測もできますが、その中で新しいカジュアル・アウトドアブランドが伸びてくれば面白くなるでしょう。

ロードサイド店舗の存在感

ウィズコロナでは、駅前や百貨店などの人混みを避け、ロードサイド店舗に人が流れる動きが見られました。そうした中で、百貨店やショッピングセンターのテナント店が主力の業態ほど苦戦をしいられ、逆にロードサイド店が主力のしまむら、西松屋チェーンなどは業績を拡大する形になりました。

ZOZO離れに注目

アパレルではECの動きも重要です。今はZOZOTOWNが大きく力を持っていますが、業界上位のしまむら、リーズナブルなレディースブランドのハニーズなどは独自のECサービスを展開し始めています。他社でもZOZO離れの動きはあり、今後は「独自のECでどれだけ集客できるか」がポイントになりそうです。

アパレル業界 時価総額上位3社

1位	ファーストリテイリング〈9983〉	
月次平均	全店	既存店
	98.1%	98.4%

2位	良品計画〈7453〉	
月次平均	全店	既存店
	102.7%	100.8%

3位	ワークマン〈7564〉	
月次平均	全店	既存店
	126.0%	120.8%

（2）食品・スーパー業界

食品・スーパー業界は、生鮮食品を取り扱うスーパーを中心にした分類です（月次情報を公開する食品メーカーも含む）。

スーパーでは、全国規模で見るとイトーヨーカドーを展開するセブン＆アイＨＤとイオンの2強です。（セブン＆アイＨＤは、月次Ｗｅｂではコンビニ業界に分類）。

スーパー業界で特徴的なのは、地域ごとに強い企業が点在していること。大規模商業施設指向の2強に対し、地域密着型の店舗づくりで差別化して共存しています。西日本ではハローズや大黒天物産、近畿や北陸は平和堂、東海地方に強いバロー、埼玉のヤオコーやベルクのほか、北日本のアークス、新潟や北関東のアクシアルなど、全国で強豪が競い合っている状況です。

コロナと食品・スーパー業界

外食の機会が減り、家で食事をつくるのが日常になったコロナ禍では、安く食材を揃えられるスーパーで買い物をするようになります。かつてスーパーは外食業界やコンビニ業界に顧客を奪われていましたが、それを奪い返すような構造になり、売上は急増。

ウィズコロナも長引いており、当面はスーパー好調が続きそうです。さらに、コロナショックを機に外食から中食へとライフスタイルのトレンドが変わるかもしれません。

またコロナ禍では、地方のスーパーが力を持ち始めています。出社の必要がなくなったことで郊外へ移る人が増え、そのぶん利用者が増加しているためではないかと思います。

例えば埼玉県は、2020年4月～10月の調査の結果、人口流入が全国で最も多かったというニュースがありました。こうして1％でも人口が増えれば、その地域の食品スーパーは長く大きな恩恵を受け続けることになります。

ネットスーパーや生鮮ECに注目

この業界では、ECや宅配サービスを展開する際、Amazonやオイシックスと組むことがあります。Amazonは地域大手のスーパーと連携してネットスーパー事業を拡大し、オイシックスは、セブン＆アイHDや地方スーパーと連携して「とくし丸」という移動スーパー事業を全国展開しています。コロナ禍におけるニーズの高まりもあり、独自に生鮮食品のECを手がける企業も出始めていて、スーパー業界の序列には変化があるかもしれません。

食品・スーパー業界 時価総額上位3社

1位	イオン〈8267〉	
月次平均	全店	既存店
	96.1%	98.1%

2位	アサヒ〈2502〉	
月次平均	全店	既存店
	90.9%	

3位	神戸物産〈3038〉	
月次平均	全店	既存店
	117.0%	112.1%

（3）コンビニ業界

コンビニ業界は、セブンイレブン、ローソン、ファミリーマートが3強。（ファミリーマートは伊藤忠のＴＯＢで上場廃止）。ほかにミニストップやスリーエフ、ポプラなどもありますが、上位による寡占が進んでいます。

コロナとコンビニ業界

コンビニは、駅前や駅から住宅地までの交差点道端など、通勤や通学の導線に多く建てられています。しかしコロナ禍では通勤人口が急減し、さらにスーパーに顧客を奪われたことで売上は低迷しています。

投資先としてのコンビニ

近年では、投資家から選ばれにくくなっている状況があります。働き方改革が進む中で労働環境の悪さが批判されたり、消費者の環境意識が向上したことで食品ロスに厳しい目が向けられるようになったりしているからです。

また、3強による寡占状態にあるぶん新しい企業があまり伸びず、ＢｔｏＣビジネスのわりに投資先として面白みがありません。

セブンイレブンはセブン＆アイ、ローソンは三菱商事、ファミリーマートは伊藤忠というように、どれも商社や巨大流通グループの中の一社です。大手企業のパワーゲームで勝敗が決まってしまうようなところがあり、想定外のことは起こりにくいでしょう。

ただし、３強は事業規模が大きく、社会生活の基幹とも言える存在感があります。そのため、他業界との提携などで大きな動きが出る可能性があります。

かつてはファミリーマートで扱っていた無印良品の商品が現在ローソンで販売されているなど、３強の中での変化を見ていくと投資チャンスがあるかもしれません。

ＥＣ販売が普及する中で受け取り場所としての機能も大きくなっているので、とくにＥＣや宅配サービスに関する動きは要注意です。

コンビニ 時価総額上位３社

1位	セブン&アイHD〈3382〉	
	全店	既存店
月次平均	100.3%	99.2%

2位	ローソン〈2651〉	
	全店	既存店
月次平均	99.3%	96.9%

3位	ミニストップ〈9946〉	
	全店	既存店
月次平均	94.2%	98.0%

順位としては、1位がウエルシア。イオン系列という強みを活かし、ショッピングセンターの中で店舗を展開しています。

2位は北海道のツルハHD。北日本を中心に積極的なM&Aを進め、ほぼウエルシアと同じくらいの規模を持っています。

3位はコスモス薬品。ツルハHDとは逆に、九州からどんどん攻め上って来ています。

ドラッグストアの優位性

ドラッグストアはコロナ禍で必要とされるマスクや衛生用品を扱っていたため、小売系では最も特需を受けた業界と言えるでしょう。薬剤師がいないと売れない医薬品が強みですが、食料品も扱うことでコンビニ業界からも顧客を奪っています。

ドラッグストアとスーパーとの大きな違いは、生鮮食料品を扱っていない点。生鮮食料品は鮮度管理のために設備や手間がかかるうえ、仕入れにもノウハウが必要です。しかしドラッグストアの場合は、冷凍食品やパン・菓子、麺類といった保存のきく商品が多いので、並べて売るだけで済みます。化粧品の品揃えが豊富な店舗もありますが、これらは利益率が高いドル箱商品になっています。

さらにチラシ広告も出さず、EDLP戦略（everyday low price＝セールをせず同じ低価格で販売し続ける戦略）が多い。結果コストを抑えられ、高い利益率を確保できているというわけです。

好調な企業の中には、生鮮食料品の取り扱いを開始して食品スーパーを侵食するところも出てきています。

インバウンド需要の消失

コロナ禍でダメージを受けた部分もあります。

インバウンド需要（中国人観光客による爆買い）が消失してしまったので、高級化粧品などは売れなくなりました。

その影響をかぶっているのが、駅前に大きな店舗を構えていたマツモトキヨシなど、化粧品を多く扱っていた企業です。ただ、アフターコロナには復活する可能性もあるでしょう。

ドラッグストア 時価総額上位3社

1位	ウエルシア〈3141〉	
月次平均	全店	既存店
	111.3%	106.2%

2位	ツルハHD〈3391〉	
月次平均	全店	既存店
	111.9%	103.7%

3位	コスモス薬品〈3349〉	
月次平均	全店	既存店
	111.3%	105.5%

（5）生活雑貨・家具業界

このカテゴリーには、家具店、ホームセンター、家電量販店、リユースなど、「衣食住」の中でも「住」関連の企業を集めています。

1位は家具業界で別格のニトリ。2位は「ドン・キホーテ」などを展開するパン・パシフィック・インターナショナルHDで、3位は「ケーズデンキ」のケーズHDです。

コロナ禍でもホームセンターは好調です。家でガーデニングをしたり、ペットを飼ったり、DIYで何かを作ってみたり、といったステイホーム需要で恩恵を受けているのでしょう。

買収・合併が進むホームセンター

ホームセンターでは、ホーマックやカーマなど6社が経営統合・吸収合併を繰り返してできたDCMHDが1位。ホームセンターのような大型店舗では規模が大きいほど有利なので、業界内で買収や合併が進んでいるようです。

2020年には、アークランドサカモトがビバホームをLIXLグループから買収。また最大手のニトリは、DCMHDと競合の末、家具大手の島忠をTOBで子会社化しました。

注目の専門店

小型店では、専門性の強い企業が伸びつつあります。

一例としては、自転車の「サイクルベースあさひ」を展開するあさひ。もともと自転車ブームという下地はあったものの、コロナ禍の「満員電車などの人混みを避けて自転車で通勤通学したい」というニーズに乗って急成長をとげています。

１００円ショップでは、セリア、ＣａｎＤｏなどは集客力があり注目できます（業界第１位のダイソーは上場していません）。

リユース系も強く、ブックオフ、ハードオフのような実店舗をメインにした企業はメルカリの影響でＥＣに進出し始めています。

生活雑貨・家電 時価総額上位３社

1位	ニトリ〈9843〉	
月次平均	全店	既存店
	110.0%	107.3%

2位	パン・パシフィック・インターナショナルHD〈7532〉	
月次平均	全店	既存店
	101.5%	98.9%

3位	ケーズＨＤ〈8282〉	
月次平均	全店	既存店
	108.4%	―

(6) 外食業界

外食業界は、全体的にコロナによる外出自粛で壊滅的なダメージを受けました。しかしそんな中でも、テイクアウトや宅配で業績を伸ばしている企業があります。

業界の第1位はマクドナルド。ドライブスルー方式によって、テイクアウトでも待たずに品物を受け取れる仕組みを取り入れるなどの工夫が功を奏しているのでしょう。

居酒屋は存亡の危機

とくに厳しいのが、稼ぎ時である夜間の営業を制限された居酒屋。事業の継続が極めて厳しくなっており、月次を開示できない企業もあるほどです。ランチや持ち帰り、宅配などに活路を見いだすところも出てきました。

寡占が進みにくい外食業界

厳しい現状はともかく、外食業界は株式投資において最も魅力的な業界の一つです。参入障壁が低いため競争が激しく、大企業の寡占独占になりにくいからです。

食の好みは多種多様です。例えば業界1位のマクドナルドでさえ、多くの人は月に1回食べるかどうかくらいではないでしょうか。人気が分散しており、工夫次第でどの企業にもチャンスがあります。

また、ブームの移り変わりが激しいのも特徴です。少し前にはタピオカブームや「いきなり!ステーキ」ブームがありました。何年かに1回、ブームに乗って彗星のように現れ、一気に伸びる企業が出てくるのです。

宅配サービスで分かれる明暗

外食業界は競争が激しいからこそ、今の状態をどう判断するかが重要です。

コロナの影響で多くの企業は株価が下落。Go To イート施策で少し戻したものの、施策が停止となり虫の息です。赤字どころか、規模によっては存続が危ぶまれる場合もあります。

宅配やテイクアウトで生き残りをかけようとしている店もあります。ただ、ウーバーイーツや出前館といった宅配サービスは、利用すると店側にも手数料がかかります。

宅配ピザのようにビジネスモデルとして宅配が組み込まれている場合はまだしも、そうでないジャンルの店は値上げをしなくてはならず、非常に厳しい状況だと言えるでしょう。

外食チェーン 時価総額上位3社

1位	日本マクドナルド〈2702〉	
月次平均	全店	既存店
	106.1%	105.7%

2位	スシローグローバルHD〈3563〉	
月次平均	全店	既存店
	104.7%	100.2%

3位	ゼンショーHD〈7550〉	
月次平均	全店	既存店
	100.5%	100.1%

（7）通販・EC業界

月次公開企業では、工具や素材を扱うモノタロウ、事務用品を扱うアスクルが好調です。3位のベルーナは、ファッションやインテリアなどのカタログ通販を展開しています。

Amazonと競合しない分野に活路

通販・EC業界では、Amazonが圧倒的なガリバーです。

しかしリアル店舗を持たない業種なので、立地による寡占が起きることはありません。勝負は価格競争力に加え、商品力やブランド力で決まります。

総合的な品揃えでAmazonに勝てる企業はなかなか現れないでしょうが、ニッチな商品に強みを持っていると生き残れる可能性があります。

例えば、ベガコーポレーション。「ＬＯＷＹＡ」というブランドを持ち、家具に特化したＥＣが好調です。

ほかに、ｃｏｔｔａという企業があります。お菓子型やラッピングペーパー、保冷剤などを扱うＢｔｏＢビジネスが好調です。

サイトを訪問して取り組みをチェック

ＢｔｏＣビジネスの企業に投資するときは店舗に足を運び様子を見ることをおすすめしていますが、通販・ＥＣの企業にはリアル店舗がありません。代わりに、ＷＥＢサイトを訪問して取り組みをチェックするといいでしょう。

新商品を出し積極的にキャンペーンを実施しているようなら、好調ではないかと想像できます。在庫品の値下げを繰り返しているようであれば、注意が必要かもしれません。

月次による定量的な分析と、自分の目で様子を確認する定性的な分析。この２つを両輪にすれば、投資先をより深く理解できるはずです。

通販ＥＣ 時価総額上位３社

1位	モノタロウ〈3064〉	
月次平均	全店	既存店
	120.3%	—

2位	アスクル〈2678〉	
月次平均	全店	既存店
	102.9%	—

3位	ベルーナ〈9997〉	
月次平均	全店	既存店
	106.3%	—

（8）百貨店業界

かつては日本の消費シーンをリードしてきた百貨店ですが、消費スタイルの変化に対応するためにいくつもの企業が合従連衡を繰り返してきました。

月次情報を公開しているのは大手6社。時価総額順に、1位が名門・三越と伊勢丹を擁する三越伊勢丹ＨＤ、2位が大丸と松坂屋のＪ・フロント リテイリング、3位が髙島屋、4位が近鉄百貨店、5位が阪急百貨店と阪神百貨店のエイチ・ツー・オー リテイリング、そして6位が松屋です。

百貨店の二重苦

百貨店業界は、コロナショックで大きなダメージを受けました。月次売上で見ると、百貨店業界は外食業界と最下位争いをするような状態になっています。

その原因の一つは、インバウンド需要が消えてしまったこと。百貨店業界は2015年ころ大きく売上を伸ばしましたが、それを支えていたのは中国人観光客の爆買いでした。

そしてもう一つの原因は、百貨店のビジネスモデルにあります。百貨店は、さまざまな専門店を1つのビルに集めているのが強み。しかしコロナ禍では密集が避けられるようになり、人の集まる百貨店を訪れる機会が減ってしまいました。

外国人客も日本人客も来なくなる、そんな二重苦を抱えている業界なのです。

インバウンドの回復がカギ

百貨店業界が回復するカギは、コロナショックが収まったあとのインバウンド需要にあります。

日本は安全で歴史がある国で、料理も美味しい。みんな外国人に親切だし、何より安全に旅行を楽しめる。外国人旅行者にとって非常に魅力がある国なので、コロナがおさまり、自由に海外を行き来できる時代に戻れば、百貨店にも客足は戻ってくるでしょう。

短期的に見ると、百貨店の株はとても買えるものではありません。ただ、株は安いときに買うものです。十分にリスクを考えたうえで買う判断はアリかもしれません。

百貨店 時価総額上位3社

1位	三越伊勢丹HD〈3099〉	
月次平均	全店	既存店
	83.8%	―

2位	J.フロントリテイリング〈3086〉	
月次平均	全店	既存店
	89.2%	―

3位	高島屋〈8233〉	
月次平均	全店	既存店
	88.4%	―

（9）ネットサービス業界

ネット広告やクラウドサービスなど、ＥＣ以外のデジタル系企業を集めたのがネットサービス業界。

時価総額の1位はクラウドサービスやＩＴ人材支援を提供するラクス。2位はＳＩのＮＳＤで、3位は「ガルーン」といったグループウェアで有名なサイボウズです。多くはＢｔｏＣではなくＢｔｏＢなので、知名度の低い企業が含まれています。

月次公開企業で業界を先読み

このカテゴリーで月次情報を出しているのは、今のところ10社しかありません。ただ、これらの企業を見ておくだけでも、その他のネットサービス企業の動向がなんとなくわかります。全体的に広告系企業の月次売上が良かったら、月次を出していないほかの広告系企業も好調だろうと予想すればいいのです。

ネットサービス業界はＤＸで注目が集まり、市場でも人気の高い分野です。関連同業他社の業績を先読みする意味でも、月次情報をウォッチしておく価値はあるのではないかと思います。

割高銘柄に注意

ネットサービス業界は、月次公開企業の中では割高な銘柄が集まっているので注意が必要です。成長株投資は業績と連動するのが原則ですが、その連動を遥かに超えていて、株価は5年先くらいまでを織り込んでいるようなところもあります。

正直なところ、成長余地など考えると非常に魅力的ですが、投資にあたって少なからぬリスクがあることは否定できません。リスク管理スキルの高い、上級者向けのカテゴリーだと言えます。

ネットサービス 時価総額上位3社

1位	ラクス〈3923〉	
月次平均	全店	既存店
	131.9%	―

2位	N S D〈9759〉	※NSDの月次は決算月以外
月次平均	全店	既存店
	103.7%	―

3位	サイボウズ〈4776〉	
月次平均	全店	既存店
	117.9%	―

（10）その他サービス業

月次Ｗｅｂでは、小売り以外のサービス業を「サービス業」というカテゴリーにまとめています。ＪＲなどの鉄道大手から、美容やアミューズメントのような暮らしに身近な企業まで、バラエティーに溢れたカテゴリーです。

好調なビジネス・不調なビジネスなど、サービス業全体をウォッチするのに適していると思います。

コロナでダメージを受けた業種

鉄道は、コロナで移動が制限されていることもあり不調です。

大手のＪＲ各社も大幅な業績悪化に陥っています。Ｔｉｍｅｓを運営する駐車場サービスのパーク24も苦戦をしいられていますし、ラウンドワンやイオンファンタジーのような屋内娯楽も業績が悪化しました。

一番悪いのは、Ｈ.Ｉ.Ｓやハナツアーのような旅行会社。Ｈ.Ｉ.Ｓは一時に比べると回復していますが、２０２１年1月の全店売上は前年同月比で３・３％。ひどい状態です。

はっしゃん注目のサービス業

月次の成長率が高いのは KeePer 技研。ガソリンスタンドなどでクルマのコーティングのサービスを提供している企業ですが、新車の買い控えから現行車にコーティングして乗り続ける人が増えたほか、今までのコーティングよりも性能がいいということで支持を集めているようです。

そのほか、オートバックスやフジ・コーポレーションなどカーサービス系のサービスは好調に推移しているほか、ヒロセ通商のような金融サービスも自宅時間が増加した恩恵で堅調に推移しています。

サービス 時価総額上位３社

1位	ＪＲ東海〈9022〉	
月次平均	全店	既存店
	72.5%	—

2位	ＪＲ東日本〈9020〉	
月次平均	全店	既存店
	79.6%	—

3位	ミスミグループ〈9962〉	
月次平均	全店	既存店
	95.2%	—

投資家Vtuber　はっしゃん

エンジニア投資家。持株会をきっかけに株式投資を始め、30代のうちに月次情報投資で資産1億円を達成。3億円達成を機にサラリーマンを退職し、独立起業。リーマンショックや東日本大震災で資産を減らすこともあったが、そのたびに理論株価・四季報速読といったユニークな投資法を生み出す。

Twitterフォロワー数3.5万人。手がけたブログや「成長株Watch」「月次Web」「理論株価Web」といった監修サイトは、数多くの個人投資家から愛用されている。近年は、投資家Vtuberとしても活躍の場を広げている。

Twitter ID:@trader_hashang

※本書では著者の経験に基づいて株式投資のノウハウを紹介していますが、確実な利益を保証するものではありません。最終的な判断は、個人の責任の範囲内で行ってください。また、本書は2021年3月現在の情報に基づいており、掲載している情報は変更されている可能性があります。

普通の会社員でも10万円から始められる！
はっしゃん式　成長株集中投資で3億円

2021年6月22日　初版発行
2022年4月5日　4刷発行

著　者　はっしゃん
発行者　野村直克
発行所　総合法令出版株式会社
〒103-0001　東京都中央区日本橋小伝馬町15-18
EDGE小伝馬町ビル9階
電話　03-5623-5121
印刷・製本　中央精版印刷株式会社

落丁・乱丁本はお取替えいたします。

ISBN 978-4-86280-802-8
総合法令出版ホームページ　http://www.horei.com/